同朋運動70周年

記念大会 記念誌

宣言

ここに同朋運動は70周年を迎えた。

70年前、専修念仏のみ教えと本願寺教団の現実との乖離を見抜いた念仏者が、阿弥陀如来のご本願に自らの生き方を問うことで、教団内の差別を指弾し、宗祖親鸞聖人が「御同朋御同行」と言われた本来のあり方を取り戻そうと同朋会を結成した。

この同朋運動の70年の歴史は、み教えを歪曲し、宗祖を贋の金襴で飾り付けることで、自らの差別性の正当化に利用しようとする権威主義者から、専修念仏のみ教えを自らの課題に問い続ける念仏者が阿弥陀如来のご本願と親鸞聖人を苦悩の闇を生きる人々の光明として奪還する闘いであった。

差別者たちは同朋運動の光に目覚めた念仏者たちを、悪意や誹謗中傷また数々の苛烈な差別によって、その尊厳を傷つけ、弾圧をしてきた。しかし同朋運動を推進する人々は、決してその歩みを止めることはなかった。なぜならば、かつて承元の法難にあって、権力者たちの弾圧を鮮やかに批判し、如来のご本願の在りかを喝破した親鸞聖人が、私たち念仏者の御同朋であるのだから。

かつて同朋運動の60周年の時、教団の権威主義者は「同朋運動は冬の時代」等と揶揄した。しかし現代社会のまさに混沌とした苦悩の現実を顧みる時、部落差別の現実から出発し、ハンセン病問題から感染症差別に取り組み、また葬場勤行のあり方から性差別を問うてきた同朋運動の70年の歴史が、今まさに多くの人の苦しみの闇に照らす光となることはもはや自明である。

また今や同朋運動は教団の組織的運動ではなく、一人ひとりの念仏者全てに根差した運動になりつつある。一人の念仏者の生き方に根差し、そしてさらにその一人ひとりが御同朋として連帯していくという、同朋教団の具体的な姿を、同朋運動の70年の歩みを経て、私たちは具体的に共有できている。同朋運動70年の今、私たちは同朋運動の光が示す未来がはっきりと見えている。

ここに同朋運動の70周年を迎え、我々はさらなる同朋運動を推進し、差別・被差別からの解放によってガラスの天井を破り、限りない光を受け全ての人が輝ける同朋教団の確立をめざすことを改めて宣言するものである。

未来は同朋運動によってこそ作られる。

二〇二〇年一二月一〇日

参加者一同

大会日程

日時　２０２０年12月10日（木）

◇同朋運動70周年記念法要　11時～顕道会館

法要　三奉請／表白／正信念仏偈／遺族焼香・代表焼香／念佛／回向

法話　同朋運動の歩み「70周年にあたり―運動の振り返り―」岩本孝樹さん（一般財団法人同和教育振興会評議員）

◇同朋運動70周年記念大会　13時～本願寺同朋センター

開会式　主催者挨拶／来賓挨拶／主催者団体紹介

記念講演「格差社会の現状と子どもの課題」前川喜平さん（元文部科学省事務次官）

大会宣言

閉会式

目次

資料

表白

敬って
大慈大悲の阿弥陀如来
宗祖親鸞聖人
並びに
差別・被差別からの解放を願われた全ての
同朋運動の諸先輩方に
申しあげます
本日　二〇二〇年一二月一〇日
ここに
同朋運動を推進する七者連絡協議会の
同志が集い
同朋運動七〇周年の法要をお勤めいたします
つらつら顧みますと
阿弥陀如来は大慈大悲の誓願をもって
無明の闇をさ迷う私たち凡夫に
人をきらわず、常にまもり
異なる考えにも破られず
誰もを等しく救うという
絶対の平等の救いの道をお開きになり
御同朋の社会をめざす道筋を
明らかにしてくださいました
宗祖親鸞聖人は御同朋・御同行の
言葉をもって
阿弥陀如来の本願に生きる人びとの集いを
同朋教団とお示しくださいました
しかしこれまでの教団の歴史を顧みれば
このみ教えとお諭しに生きるはずの教団や僧侶が
差別・被差別からの解放の旗手ではなく
むしろ差別することに与し
差別を温存助長してきたことも
紛れもない悲しい事実であります
そのようなながで同朋を差別し同行を貶め
阿弥陀如来の大悲を忘れ
宗祖の御化導にそむく教団と僧侶の中にあって
部落差別の不合理を指摘し
差別・被差別からの解放に取りくみ

念仏者としてのあるべき姿
並びに、同朋教団の在りようを問う
同朋運動を提唱した同朋会が
一九五〇年に発足し、今年が七〇年にあたります
今日まで幾多の先人が御同朋・御同行と生きられ
た親鸞聖人の生き方を慕い
「真俗二諦」「業・宿業論」「信心の社会性」の課
題をみすえ
同朋運動を推進してきました
ここに改めて同朋運動七〇年の歴史を
先人の歩みに学ぶ時
私たちは同朋運動を視座として
ようやく本当の宗祖親鸞聖人に出遇い
差別の現実に向き合うことによって
初めて阿弥陀如来の本願に生きる
念仏者たりえるということに気づかされます
このうえは
差別・被差別の現実から出発した
同朋運動の七〇年が積み重ねてきた
歩みを止めることなく
今後も差別・被差別から解放された
まことの同朋教団を実現するために
たゆまぬ努力を続けていく決意を
本日ここに集まった同朋運動を推進する
同志ならびにすべての有縁の御同朋とともに
阿弥陀如来　親鸞聖人をはじめ
同朋運動の諸先輩方に
謹んで申しあげます

主催者挨拶

同朋運動70周年を迎えて

浄土真宗本願寺派 総長
石上智康

皆さまにおかれましては、新型コロナウイルス感染症の収束が見通せない極めて厳しい事情の中、遠近各地より同朋運動70周年記念大会にご出席をいただきましたこと、また平素より、同朋運動推進にご尽力いただいておりますこと、厚く御礼を申しあげます。

さて、同朋運動は差別に苦しむ僧侶・門信徒が中心に自ら立ち上がった同朋会が1950年に設立されたことを起点とし、1957年に『同朋運動の消息』が発布され、同朋会の活動は同朋運動として教団全体に展開されていくことになりました。「差別の現実からの出発」を掲げ、差別・被差別からの解放を願い、御同朋の社会をめざして同朋運動が取り組まれ、やがて基幹運動として推進されました。基幹運動の推進で明らかになった成果と課題を踏まえ、現在の「御同朋の社会をめざす運動」（実践運動）へと繋がっております。

2016年に施行されました「部落差別解消の推進に関する法律」には、「現在もなお部落差別が存在する」と明文化され差別・被差別の苦悩から解放されていない現実があることを示しております。近年では身元調査などに利用する目的で戸籍の不正取得事件も発生し、身元調査には寺院の過去帳が利用されてきた経緯もあり、教団として身元調査お断りと過去帳の閲覧禁止の取り組みをすすめております。

さらに、インターネット上には差別情報が氾濫《はんらん》し、偽りや偏見に満ちた被差別部落出身者を誹謗中傷《ひぼうちゅうしょう》する書き込みが後を絶たないなど、差別の形態も大きく変わってきております。また、コロナ禍においては、感染者・医療従事者等に対する偏見や不当な差別が横行している状況も決して看過することはできません。

２０１６年に施行された差別解消三法といわれる法律は、私たちの社会にある差別の現実を認め、人間の尊厳を踏みにじる差別を決して許さないという決意のもと、差別のない社会をめざすという願いが込められたものでございます。

私たちの教団には、阿弥陀如来の願いと親鸞聖人のみ教えをいただきながら差別を温存してきた歴史があります。このことを厳粛に受け止め、反省のうえに立って、部落差別をはじめとする一切の差別を解消するために、引き続き取り組んでいきたいと存じます。

ここに、同朋運動70周年を迎えられましたことの意義を皆さまと共有するとともに、引き続き、御同朋の社会をめざす運動の推進をお願い申しあげ、ご挨拶とさせていただきます。

本日はまことにおめでとうございます。

来賓挨拶

同朋運動70周年の歴史によせて

部落解放同盟中央本部 書記長
西島藤彦

同朋運動70年の取り組み、本当に長い歴史があり、ご苦労さんでございます。

この冊子（大会パンフレット）を見ていますと、私、60年の時も出席しておりました。本当に多くの課題を持ちながら前へ前へと歩んでいく取り組みに心から敬意を表したいと思います。

この間、差別の現実から学び、そこで苦しんでいる課題について自らの課題として受け止めて、その実践をしていく、こういう思いの中で、70年間同朋運動が取り組みをされてきました。

70年前の参加者につきましては、私たちの部落解放運動のリーダーがこの運動の役員になりながら、共に歩んできたという経緯を、先ほど資料から拝見をさせていただきました。

まさに現場からの本当に苦しい課題に立脚して、どう差別解消の取り組みが自らの取り組みにつながってくるのか、そこへの実践にどうつなげていくのか、このことが常に問われてきた70年の歩みではなかったかと思います。

私たちは、西本願寺の教えに本当にありがたい思いを持ちながら、多くの私たちの先人はそこに救いを求めて生きてこられました。しかしその中には残念ながら、差別法名の問題、さらには過去帳の中における様々な書き込みの問題等々がございました。それまで、そのことを分からないでありがたい思いを持ちながら、一心にこの西本願寺の宗派にすがりついて信心をしてきたわけであります。

そして歴史の中で、その差別性が明らかになっていくなかで、本山こそが、西本願寺こそが、その先頭に立って、差別解消の役割をお願いしたい、そんな思いを繰り返し繰り返し、現場から私たちの先人は、皆さんに投げかけてきたというように思います。

最近の例でいうならば、経典の中の差別性の問題について指摘があって、多くの議論を本山ともさせていただきました。そして本山もその差別性にしっかりと向き合いながら、宗教者としてどのようにこれを克服していくのか、そういう議論を経て、今やっとその取り組みが現場で進められようとしているところであります。

この間、『み教えと差別の現実』というテキストが作られまして、それを教材としながら全ての寺院でこの課題に向き合いながら、取り組んでいこう、実践していこうという歩みがやっと始まってきたという理解をしているところであります。

私たちも現場でしっかりと現場のご住職さんと議論をしながら、この実践がより実りあるものになるように進めていかなければならない、こんな思いで取り組みを進めてきているところであります。

この間、２０１６年には国の方では、差別問題と向き合う法律ができてまいりました。障害者の差別の解消に取り組む問題、ヘイトスピーチをはじめとする在日外国人に対する様々な差別の問題、そして部落差別の問題と相次いで三つの人権に係る法整備が国の方で推進されてきました。

とりわけ部落差別解消推進法において、私は国会の本委員会で被差別の当事者として意見を述べるという機会をいただきました。

私はそこで今もある結婚差別の問題について国会議員の先生方に意見を述べさせていただきました。もう今では結婚差別はないのではないか、なくなったのではないか、耳にしないよ、と、こんな話も聞くわけではありますけども、実際はそうではなしにそのことが語られない、語ることができないそういう現実が存在をしています。

結婚はできましても、多くの障害が背景に存在します。部落差別の介在というものが、残念ながら自らの利害に関わって強く出てくる実態を、私の実体験から訴えをさせていただきました。今ネット社会を見てもそのことは多く出てきます。

昨年、国は全国民対象に、部落問題に特化した意識調査を実施しました。その中で75%の人が部落問題を知っていますと回答がありました。知っている方の85%近くは部落差別はいけないものだという回答でありました。その中の実に3割近い人が、しかし自らの利害に関われば調べたい、結婚や就職に関わって相手を調べたい、という回答でした。

こういうことでありました。今やネットを見ればすぐに出自も含めて調べることができるというこういう報告、こういう回答があります。残念ながらこういうことによって結婚が破談になった場合があります。あるいは本来祝福されるべき結婚が、多くの反対にあいながら、当事者の強い意志により結婚できた場合もあります。しかし当事者の強い意志がなければそれすらもできないとはどう考えるべきでしょうか。

この21世紀のもう20年もたつというこの時代の中で、多くの人の努力があったとはいえど、本当に厳しい現実の中で苦しみながら生きているという若者がまだまだいます。

この現実にも皆さんしっかりと向き合っていただきながら、この社会をどのように克服していくのか、どうすれば克服できるのか、宗教者としてそのためにどういう役割をしていかなければならないのか、ぜひとも自問自答していただきながら、その実践をさらに発展をさせていただきたいと願っているところであります。

まさに同朋運動がその中で実践運動として展開され、そして今も粘り強く取り組まれていると、我々も思っているところであります。ぜひともそこにもう一度、原点に依拠しながらさらにこの運動が本山の中で発展し、大きな役割を社会の中で果たすことを願いまして、本部を代表して挨拶とさせていただきます。

本日は大変ご苦労様でした。

法話

同朋運動の歩み「70周年にあたり―運動の振り返り―」

一般財団法人同和教育振興会 評議員
岩本孝樹

こんにちは。

先ほどから表白等々でも今日の法要の意義をおっしゃっていらっしゃいます。私も主催者を代表して一言、本日の催し並びに法要の意義についてお話を申しあげたいと思っています。

同朋運動が始まって70年ということについて、同時に同朋会が設立されてということがでていますけども、お手持ちのパンフレットを見ていただきましたら、同朋会が設立された当時の本願寺新報の記事が載っております。この中に綱領が三つ載っております。「同朋主義・同朋精神・同朋意識」とあります。しかし、この言葉の中に同朋運動という言葉は出てきません。

それでは同朋会の設立がどうして同朋運動のスタートになるのかといいますと、実はこの文章の前にあります「同朋会の規約は16条からなっている」とありますが、第2条だったと思いますが、「同朋運動を提唱して」という言葉が出てまいります。

それに基づきまして、同朋会の設立をもって同朋運動の発足と考えております。

もちろん、それだけが同朋運動、同朋会の設立が同朋運動の70周年の始まりという訳では決してありません。

当時参加された方々のお名前も載っております。少し見にくうございますが、ご覧いただきましたら、いわゆる教団の関係者、同時に戦前の融和運動をなさってこられた方、あるいは戦前の水平社運動に関わってこられた方もいらっしゃいます。

そうした意味では、私たちが始めた同朋運動というのは、水平社運動と戦前の融和運動、そして私たち教団が始めた運動が一体となって出発した運動ということが出来ようかと思います。

しかし戦前の運動と、私たちが今進めております同朋運動とは、種類が違います。内容が違います。そして、質が違います。これからどこが違うのかということを申しあげます。その事をお互い確認することが、今日の催しの一番大きな目的だと私は思っております。同朋会が設立された当時に参加された方々のお名前を見ていただきましたら、私たちの運動は、部落解放運動が中心であるということが、一目瞭然でお判りいただけると思います。でも私たちの教団が部落解放運動、あるいは部落問題に取り組んだのがこの時が初めてではありません。

実は1924年、大正13年になりますが、一如会という組織を作っております。その時に課題として部落問題に取り組むということについて、主張といいますか、旗を掲げました。時間がありませんのでその間の経過というのは詳しく申しあげませんけれど、1922年に全国水平社が設立をされまして、その時の創立大会の折にこういう宣言を出していらっしゃいます。

長い間虐められて来た兄弟よ、過去半世紀間に種々なる方法と、多くの人々とによつてなされた吾等の為めの運動が、何等の有難い効果を齎らさなかつた事実は、夫等のすべてが吾々によつて、又他の人々によつて毎に人間を冒涜されてゐた罰であつたのだ。そしてこれ等の人間を勦るかの如き運動は、かへつて多くの兄弟を堕落させた事を想へば……

と、続いてまいります。実は一如会が掲げました一如運動というのは、全国水平社が批判した融和運動そのものであったということができようかと私は思っております。

一如会が設立されまして今日で96年を迎えますけども、一如会の設立をもって同朋運動96年といわないのは、一つはそれが大きな柱でもあります。

同時に2000年に私たちの教団は2000年の11月6日だったと思いますけど、同朋運動50周年の法要を前門さんの親修のもとに開催をさせていただきました。このことは何を意味するかといえば、同朋会が設立されたことが同朋運動の出発点だということを教団全体が認めたということになります。

ですから今日の催しは有志が集まった運動ではなく、教団全ての人たちが確認をした出発点から数えて70年目だということになります。もちろん前門さんの親修だったからということは直接関係はありません。このことだけはあえて申しあげておきます。

私たちが1950年同朋会の設立が同朋運動の出発点として歩みを始めたと確認するのは、さらに大事な要素あるいは大事な視点があります。

少し話が変わりますけど、亡くなられた仲尾俊博和上が、一時は近同推の会長も務められていましたが、仲尾先生が同朋運動はどのような運動かといえば、同朋運動は三つの柱からなっておるとおっしゃいました。私たちはその事を「同朋運動の三要素」という言葉で呼んでおります。

その一つ、同朋運動はあくまでご信心に基づいた運動でなければならないということ。

二つめは、とくに同和問題、部落問題に取り組んでいく運動でなければならないということ。今日ではこの部分はあらゆる差別にという風に置き換えていますけど、同朋運動発足当時は同和問題・部落問題に取り組む運動だとおっしゃいました。

三つめの柱は同朋教団の確立ということをおっしゃいました。

繰り返しますが、同朋運動が同朋運動たらしめておるのは、一つはご信心によるのだと。二つには部落差別に取り組んでいくのだ。三つには同朋教団を作り上げていくのだ。このことが実は同朋運動でなければならないのだと仲尾俊博先生はお示しをくださいました。

私は同朋運動を同朋運動たらしめておるのはその三つめの柱だと思っております。

別の言葉でいえば同朋教団を作り上げていくというのが、実は同朋運動の大きな眼目でなければならない、もちろんご信心も差別問題に取り組んでいくというのは必然ですけれども。何のためにご信心に基づいて、なんのために差別問題に取り組むのかというと、同朋教団を作り上げていくためでもあります。ということは何を意味するかと申しあげましたら、現在の教団の現状が残念ながら同朋教団になっていないという現実認識です。

繰り返しますと、同朋教団の確立を同朋運動の大事な柱とするのならば、現在の教団、現在の教団のありようが同朋教団になっていないということであります。

ですから先ほどの表白にもありましたように、私たちが差別の現実から出発するというのはそういう意味でもあります。

もう一度申しあげましたら、現実の教団が残念ながら同朋教団になっていないという現実から私たちは同朋運動を始めております。

誤解がありますと困りますので、現在の教団がもしも同朋教団であるのならば、現在の教団をこのまま続けていけるような運動をすすめていけばいいわけです。しかし私たちにとって、現在の教団は残念ながらのひとことで片づけてしまいますけれども、その差別の現実から出発をしておるということで、実は先ほど申しあげましたけど、差別の現実から出発すると定式化して運動の原則にしておるのはそういう意味であるとご理解いただければ結構かと思う所でもあります。

さて、話は変わりますけれども、教団という言葉を申しあげてきましたけれど、私たちは教団を構成しているメンバーであります。言葉を変えていえば、私を除いて教団はあり得ません。つまり、教団を変えていくということは私自身が変わっていくということと同じ意味になろうかと思います。

先ほどの表白の中で何度も出てきましたけれど、差別・被差別からの解放という言葉は私自身が差別・被差別から解放されていくという意味でなければなりません。ただし誤解があると困りますので、一言付けくわえておきますなら、私の差別・被差別からの解放が先にあって、そのあとで教団の差別・被差別からの解放があるというのでは決してありません。それを切り離してしまったのでは、同朋運動の趣旨からは大きく違ってしまいます。私自身の差別・被差別からの解放の歩みが、実は教団の差別・被差別からの解放の歩みであると。教団の差別・被差別からの解放が、実は私自身の差別・被差別からの解放であると。こういう認識が今日の同朋運動の到達点でもあります。

だからこそ同朋運動は出発点と同じ時点に留まっておるわけではありません。一時期はこの運動は教団全体が進めねばならない運動だとして、いわゆる同朋運動の教団化ということを考えました。

時間がありませんので飛ばしてしまいますけど、今日では同朋運動という運動は一人ひとりが担っていく運動だと位置づけております。これは言葉を変えて言いますと、私が変わっていくことが教団が変わっていくことであり、教団が変わっていくことが私が変わっていくことと同義語だという視点に立って運動をすすめていくことになっております。

先ほどから司会者の方が今日コロナの中でこうしてたくさんの方が集まってくださってということをおっしゃってくださっていました。コロナは改めて私たちに人と人が連帯することがいかに大事なことなのか、分断されることがいかに寂しいことなのかということを、教えてくれております。

ちょうど関西では報恩講時期でもありますし、お取り越しの時期でもあります。たまたまといっては語弊がありますけど、一年に一回ご臨末の御書を目にする時期でもあります。ご臨末の御書、「親鸞聖人が一人いてよろこばば二人と思え、二人いてよろこばば三人と思え、その一人が親鸞なりけり」とおっしゃいました。

私は今回にコロナ禍の中で、これこそ親鸞聖人の励ましの言葉だと思いました。決して孤立をして一人ひとりがおるのではなく、私たちは励まされて支えあって生きておるのだと、そのことをお互い確認しあうのが、実は今日の法要であり、あるいは大会の大きな趣旨であるのではないかと思っております。

私は奈良県に住んでおりますが、先年、奈良県の部落解放同盟が再建をされまして60周年を迎えまして、その時にご縁をいただきまして少し話をさせていただきました。その話をもう一度させていただきまして、本日の結びの言葉に代えたいと思います。

その時、ちょうど季節もありましたので竹の話をしました。今年は実は70年と節目の年を迎えました。竹も実は節を作っていきます。でも節を作ったからそれで終わりではありません。竹は節を作りながらまた大きく育っていきます。私たちも70年という一つの節目を迎えて、さらに運動が発展していくような、そういう場所に本日はしたいなと、そう思うことでございます。

そうした意味でたくさんの方がお集まりいただきましたことを心から感謝を申しあげまして、主催者を代表いたしまして、一言加えさせていただきます。

ありがとうございました。

記念大会によせて

同朋運動への軌跡

近畿同朋運動推進協議会　藤本信隆

私は、１９４５年６月生まれで、直後の６月25日に沖縄守備隊が全滅している。敗戦とその後のＧＨＱによる民主化を経て、１９５０年４月に同朋会が設立された。それから70年、私の人生とほぼ重なるので、今日にいたるまでの軌跡を簡単にたどってみる。

５歳の時、自坊の隣に朝鮮人労働者の宿舎があり、付き合いをしていた。韓国併合後の生駒トンネル工事従事者につながる人たちであった。同年６月25日に勃発した、朝鮮戦争の話が境内でされていたことを記憶している。この環境から、10代の私の目は在日コリアンに向けられ、民族差別に反感を持っていた。しかし、部落差別は、同和教育もなく、被差別部落も離れていたので、あまり意識しなかった。

社会問題には関心を持っていたので、大学入学の20歳の時、『日本残酷物語』で部落差別の歴史と現実を知った。さらに、『橋のない川』で部落解放運動と西光万吉《さいこうまんきち》を知った。同じ奈良県の、同じ宗派の寺院出身者が、全国水平社の創立者の一人であったことに心が大きく動かされた。それ以降、親鸞聖人の教えと部落解放の関係が中心課題となった。

１９７０年に『西光万吉著作集』が刊行され、今日の同朋運動の原点ともいえる、西光の教学理解と教団批判の一部をようやく示すことができた。当時の大学闘争の中で主張された変革のための研究という意識もあった。しかし、同年の『大乗別冊』問題や、翌年の同朋運動本部設置に対する関心は薄かった。要するに、自分の課題が教団の課題と結びついていなかったのである。それに気がつき、同朋運動を意識するようになった。

80年代に入り、同教区の岩本孝樹さんとの出会いによってそれが実現した。それ以降、教区の同朋運動を推進し、理解を深めた。また、同和教育振興会に入り、全国の同じ思いの教団人に出会い、学ぶことができた。話す機会も与えられ、変革のための研究も同朋運動の一助となったとすれば、私の軌跡も無意味ではなかった。

さて、同朋運動が出発した7月、GHQの指令で警察予備隊が創設され、民主化も急停止した。それ以降、日本も保守化し、現在にいたっているが、問題は、「真俗二諦」的発想が残存する教団も対応していることである。同朋運動への姿勢がそれを示している。70周年の宣言にあるように、差別・被差別からの解放の原理となる、親鸞聖人の信によって、それと主体的に対峙すれば、同朋運動の意義はさらに大きくなっていくだろう。

同朋運動70周年記念大会によせて

九州沖縄同朋運動推進協議会
太田心海

2020年12月10日、顕道会館で同朋運動を推進する七者連絡協議会の主催により同朋運動70周年記念法要が厳修されました。私は九州・沖縄同朋運動推進協議会から結衆として出勤させていただきました。新型コロナ感染症防止のため全体の参加者も制限されるなか、結衆の役までいただいたのは身の引き締まる有り難いご縁でした。法要は参会者一同で正信偈が読誦され、各自、焼香・礼拝し同朋会以来、同朋運動を担い推進して来られた先人への感謝の思いを新たにしました。それに先立ち調声を勤める京都教区教務所の太田祐月所長が表白文を朗読し、この法要の意義と決意を表明されました。その最後のところで次のように宣言されています。

私たちは同朋運動を視座として、ようやく本当の宗祖親鸞聖人に出遇い、差別の現実に向き合うことによって初めて阿弥陀如来の本願に生きる念仏者たりえるということに気づかされます。この上は、差別・被差別の現実から出発した同朋運動の七〇年が積み重ねてきた歩みを止めることなく、今後も差別・被差別から解放されたまことの同朋教団を実現するために、たゆまぬ努力を続けていく決意を本日ここに集まった同朋運動を推進する同志（中略）とともに（中略）謹んで申し上げます。

お勤めの後、同和教育振興会評議員の岩本孝樹師が「同朋運動の歩み 70周年にあたり―運動の振り返り」というテーマで講演をされました。この間には、多くの厳しい差別事件が発生し、その都度、問題の真相を明らかにして本願寺教団の差別体質の改善のために心血を捧げられた先徳の業績を偲ばれました。参考のため大会レジュメに掲載されている「同朋運動の あゆみ初め」を転載します。

1949年12月15日　和歌山同朋会設立
1950年4月1日　浄土真宗本願寺派同朋会設立
1955年3月5日　第125回定期宗会に同朋運動振興の建白書提出
1961年12月4日　文部省　財団法人同和教育振興会設立認可
1963年7月27日　同和教育センター開館

午後1時より会場を本願寺同朋センターに移して同朋運動70周年記念大会が開催されました。主催者挨拶につづいて来賓の部落解放同盟中央書記長の西島藤彦氏が挨拶をされました。部落解放運動に果した本願寺教団の役割と最近制定された「部落差別解消推進法」の意義などにふれながら深刻な部落差別の実態について力説されました。

記念講演は元文部科学省事務次官だった前川喜平氏が「格差社会の現状と子どもの課題」という題で話されました。前川氏は忖度行政の横行する中央官庁に見切りをつけて退官し、夜間中学や貧困家庭の子どもたちの学習支援ボランティアなどの活動をされています。最近は御所市人権センターで「夜間中学と文部省の改心」という演題で講演をされています。夜間中学は識字学級と共通する側面があると思います。実は同氏は御所市の出身で、西光万吉と同郷だと言っておられました。在職中はゆとり教育を推進し、道徳の教科化や教育勅語の導入に批判的立場を貫かれたようです。

講演の内容で感銘を受け、印象に残っていることを挙げてみます。

①日本国憲法はアメリカの押しつけだという人がいるが、それまでの自由民権運動や先人の憲法試論や幣原喜重郎など政治家の意見が現行憲法の基礎になっている。天皇はじめ国会議員や閣僚は憲法を守る義務があるなどと説き、護憲の立場を明瞭にされ、教育基本法と憲法の整合性を主張された。

②新自由主義は、経済格差を拡大させ、経済の自由は強調するが、心の自由は抑圧するという点で弊害が大きい。

③学力テストなど競争原理が教育をゆがめ、不登校児童の数が増大している。

④最後に、ドイツの牧師、マルティン・ニーメラーの言葉を紹介して話を結ばれた。身につまされたので自戒をこめて記したい。

「ナチスが共産主義者を襲ったとき、自分は共産主義者でなかったので何もしなかった。社会主義者を攻撃したときも、私は社会主義者でなかったので何もしなかった。学校や新聞やユダヤ人に攻撃を加えたとき、不安は増したが、何もしなかった。それからナチスは教会を攻撃した。自分は教会の人間だった。何ごとかをした。しかし、その時はすでに手遅れだった」

この講演では直接、部落問題や人権のことは取り上げられなかったが、憲法の基本的人権の具現化という点では共通の課題でした。振り返って、私たちの伝統教団の現状を見るとき、寺院—門徒帰属関係・寺院相互関係などに古い時代の制度や習俗の差別構造と体質を温存しています。それに支えられていると云っても過言ではありません。一方、社会一般では一人ひとりを大切にする人権意識の徹底が求められています。

私たちの教団が基幹運動として同朋運動の推進に取り組んでいた期間は、全ての僧侶・寺族が参加する問題として運動の教団化がある程度、浸透しかけていました。しかし、基幹運動が廃止されてからは、折角出来かかった同朋教団の芽が摘まれてしまったような現状です。特に基幹運動の世代が高齢化し、僧侶の世代交代が進み同朋教団に対する認識が薄弱になっています。この時機にあたり私は、同朋教団確立のために、本願寺教団に「御同朋の日」を制定して、念仏者が念仏者を差別してきた過去を反省し、同朋・人権意識の浸透を促進する行事を開催するよう希求いたします。その日は「国連人権の日」の12月10日がよいと思います。今日、教団ではＳＤＧｓ「持続可能な目標」という国連の運動を取り入れ積極的に協力していますから。それによって、８月15日と９月18日に戦没者追悼法要を厳修して「平和を願う日」とされているのに対応することになります。

同朋運動70周年記念大会は「我々はさらなる同朋運動を推進し、差別・被差別からの解放によって差別の壁を破り、限りない光を受け全ての人が輝ける同朋教団の確立をめざす」という大会宣言を決議して終わりました。

未来は同朋運動によってつくられる

東日本同朋運動推進協議会 理事長
藤澤正徳

はじめに

「野村證券」より封筒が送られてきました。開封してみると、宗教法人向けサービスのパンフレットが封入されており、２０２１年（令和３年）２月11日仏教タイムス記事のコピーが同封されておりました。

それは、次のような内容でした。

築地本願寺の改革に学べ
野村證券主催「宗教法人経営セミナー」
環境適応できなければ組織滅ぶ

「野村證券（株）金融公共公益法人主催の第１回宗教法人経営財務研究会オンライン特別セミナーが５日に行われた。講師は浄土真宗本願寺派の安永玄雄宗務長。「築地本願寺の経営戦略」を講演した。

２０１５年７月、築地本願寺の宗務長に着任してから、境内地の再整備や職員の意識向上などをハード／ソフト両面から改革を実行してきた安永氏。ビジネス界と寺院界のギャップを指摘しながら「会社も宗教法人も経営目的は社会への貢献にあるとした。会社が利益によって経営目的が果たされているように、寺院経営も同様で「収入なくして伝道なし」と主張。

他方で、組織論から「環境に適応できなければ組織は滅ぶ」としてダーウィンの適者生存の原則である「強いものが生き残るのではなく、環境変化に応じて変化できるものが生き残る」の命題はどの組織にも当てはまると述べた。具体的には、僧侶や寺院の価値や評価は受け手（顧客や消費者）が決めるものだとして、「受け手に寄り添えない僧侶寺院は生き残れない」と迫った。（以下略）

「あなたさまの宗教法人が『生き残る』ために、築地本願寺の経営方針に学び、私どもが提供している『宗教法人向けサービス』をご利用ください」とのことであるとわかりました。

今のところサービスを利用するとは考えておりませんが、築地本願寺に学べというのであるから、ここで講演された記事について、思うことを書いてみたいと思います。直接聞いていないので、もし間違っていたらごめんなさいと申し上げます。

1　収入なくして伝道なし

これは収入の無い伝道活動はない、伝道には必ず収入が伴うとしているのか、収入の無い伝道活動は伝道とはいえないとしているのか。お金（収入）がなければ伝道活動はできないとしているのか。いずれにも、解釈できるのですが、収入がなければ、継続的に伝道活動ができないという意味ではないかと理解いたします。

この点について、直観的に、脳裏に刻んだものが思い浮かべてきました。何十年も前に触れた『妙好人傳』でした。調べてみると、「庄松ありのままの記」（『真宗資料集成第十一巻』「維新期の真宗四教化類」678頁）に、庄松、ある寺にて、住持は銀細工坊守は真田の紐を打つを見うけて曰《いわ》く、「寺の内職には信心をセヨ〳〵」。

これは、寺の衣食住はすべて仏祖よりの賜《たまもの》なれば、住職始め坊守等うち揃《そろ》うて御法義に心がけ、朝夕仏前の崇敬を大切にさえ勤めして居れば、別に内職するには及ばず、自ずから人望ありて寺は繁盛すると、諷されたる体なり。

もちろん、江戸時代の教化本にあるものであり、妙好人伝の差別的内容については承知しておることだが、ご法義を大切にすることがお寺の生活が繁盛するといったことを暗示しており、とてもありがたく大切なことであると印象に残っているのであります。

2　伝道は僧侶の専有活動か

次に伝道活動は僧侶の専有活動でないことを教えられたことについてです。

もう何十年も昔のことです。過去帳再調査に関する一連の研修会で長野教区に出向した際に、自分の現在の活動を報告した門徒推進員さんがいました。

二十数年も前のことであり顔も名前も忘れてしまったのですが、語られた内容が今でも鮮やかによみがえってきます。

石材の加工販売を職業としている方でした。み教えを現実の問題のなかに引き当てて聞いていくうちに、本願寺派では、「法名」の下に「位号」はつけないことを学んだのでありました。

「仕事柄、墓石に法名や他宗なら戒名を刻印します。一文字いくらの計算となりますから、法名の下に位号があれば文字数が多くなるのでその方が金額が高くなります。しかし、位号は付けないのが真宗であるからといって、刻印を依頼してきた依頼者に、真宗では位号は付かないからそれを刻印するのは躊躇《ちゅうちょ》する。お寺の住職さんに申して、どうするか確認してくださいと、仕事に入る前に面倒だけれども最近はそういう手続きをする」とのことでした。

「黙って言われたまま刻印するのがお金になりますが、付けないものを付けるということにそれでいいのかと自分を苛ます。自分が念仏者であることは、そういう葛藤のなかでの生活です」、と申されたことでありました。

現在どうなさっているのかわかりませんが、私は深く脳裏に焼き付いて忘れることがありません。そういう人が、基幹運動（同朋運動）の中で育ってきたのでした。み教えに生きるといったことの現実の生活での伝道といったものをご門徒さんに教えられたのでした。

伝道とはそういうダイナミズムの活動として私の前に現れてきます。伝道は僧侶の専有物といったところからは、み教えを矮小化《わいしょうか》することになりはしないだろうかと今考えていることを述べてみました。

3　宗教の社会的貢献について

社会的貢献とは、宗教の社会的責任を担う、果たすことと受け取っております。同朋運動はそこに立つのです。ですから、未来は同朋運動によってつくられるのです。

同朋運動70周年記念大会に参加して

北陸同朋運動推進協議会 代表
永田寛雄

北陸同朋運動推進協議会（北陸同推）は、2012年に福井教区、高岡教区有志の「同朋運動の火を消すな」という呼びかけに富山教区、石川教区有志が応じて、北陸4教区有志の協議会として設立したものです。この70周年記念大会は七者協議会の共同主催とはいえ、実質運営していただいた振興会と近畿同推、ならびに同朋センターの皆様のご苦労に感謝いたします。

式典会場の顕道会館は、70年前に有志が集って「同朋会」を創立された会場でありました。岩本孝樹師の代表挨拶「70周年にあたり―運動の振り返り」を聞いて同朋運動の出発について考えさせられました。一如会の融和運動は同情を根本とした上から下への救済運動でしかなく、教団と僧侶の差別体質を問うものではありませんでした。それ故、教団内にあって差別の現実にあえぐ人々から、差別を糾弾する運動が起こったのです。親鸞聖人は「とも同朋」と言われましたが、信心の上からはどんな人間も本願の目当てであり友であり平等であることは明らかです。その御同朋の社会をめざす運動であるから同朋運動と名付けられたのです。ところが、部落差別からの解放という被差別側からの運動に対して、現実の差別に無自覚でお聖教の中でしか信心を語らない多くの僧侶は、「部落差別は社会問題であって信心の問題ではない」として反対しました。

しかし、先人のたゆまぬ努力によって、同朋運動は遂に教団の基幹運動となり、部落差別のみならず広く人権と平和問題などへの取り組みが行われるようになりました。そして全教区での僧侶研修などによって各地に運動推進者が育ちました。私もその一人です。更に、「門信徒との課題の共有」、「御同朋の教学の構築」なども課題にされ、いよいよ同朋教団の確立に邁進しました。

しかしながら、教団のあり方を問う運動は、権力を握っている層にはガバナンスを低下させ従来のヒエラルキーを危うくするものと見なされ、やがて中央相談員の罷免、基幹運動本部の解体、相談員制度の廃止などによって「冬の時代」を迎えました。２０１２年には、遂に教団組織から消し去られてしまったのです。

とは言え、運動の火を燃やし続ける有志の運動者＝七者協議会はここに集っています。また同朋運動を求める者は七者協議会以外の北海道、東海地方などにもいます。今、70年間の運動の軌跡を振り返り、この「信心の運動」の後進への継承と連帯の輪を広げていくことを誓わせていただきます。

「先師の口伝の真信」を「差別の現実」の場で明らかにする

中四国同朋運動推進協議会　**小武正教**

同朋運動70周年記念大会に参加して改めて確認したのが、同朋運動とは「信心」を基とし、「部落差別」を課題として、「同朋教団」を目標とした運動であり、それは「差別の現実」からはじまるということであった。

私自身においては、最初の「信心」については、部落解放同盟広島県連から「差別を温存・助長する教学の克服」という課題を、1998年からの同朋三者懇話会で「業・宿業」「真俗二諦」「信心の社会性」という3点に集約して提起されたものであった。この3つの課題は1992年より全国の僧侶研修会の課題としてとりくまれた。そしてこの学びは同朋運動の中において、「差別解放の教学」を明らかにするという言葉に発展し、現在においては、その教学を誰かに任せてしまうのでなく、各人一人ひとりが差別の現実からの課題に向き会う中、親鸞聖人の教えに「差別・被差別からの解放」を読み込み、明らかにしていく「御同朋の教学」の構築を目指すところまできている。つまり一人ひとりが「差別解放を一丁目一番地にする教学」を、自らの言葉で語るということになろうか。言葉を変えて言えば、差別があってもそれを二の次とする親鸞聖人ではなく、差別解放を一丁目一番地とする親鸞聖人像を明らかにしていくことでもあるといえよう。

基幹運動がすすめられる中でたとえ道半ばであるにしろ、同朋運動こそ、親鸞聖人の「御同朋・御同行」を明らかにしてゆく、「差別・被差別からの解放」という「信心」を明らかにしていく運動だということは明らかであった。

しかし2003年からの中央集権的な基幹運動、さらには基幹運動が実践運動へと変更される中で、そのような親鸞聖人像が明らかになる営みがすすんでいるとは言いがたい。いや逆に差別を温存・助長する教学へ、権威主義的教学へ逆行する傾向が顕著ではないかと思われる。

今から40年以上前、私は京都で学ぶ中、真宗学とは何かを次のように聞いた。親鸞聖人の教えに生きる者は『歎異抄』の序文にある「先師（親鸞）の口伝の真信」を明らかにしていくことだと。私もそれが真宗を生きるものの学びだと思い実践してきた。ここでいう「口伝」とは言うまでもなく、親鸞聖人が述べられたこと、書き残されたことである。その「口伝」をたよりとして、「真信」＝まことの真意を明らかにしていく中にこそ親鸞聖人の「信心」が明らかになると確信した。

そして「先師の口伝の真信」はどのような中であきらかになっていくのか、それが「差別の現実」から出発し、「差別・被差別からの解放」をめざす同朋運動にほかならないということを教えられたのが、同和教育センターであった。

それは今の私にとっては「解放の真宗学」を明らかにするという点で一つになっている。そのいずれを欠いても、「いしかわらつぶてのごとくなるわれらなり」と名告って生きた親鸞聖人には出会い得ないと思っている。

最初に述べた同朋運動の三要素（「信心」「部落差別に取り組む」「同朋教団」）が提起されたその時から、すでに、私たち一人ひとりは、「先師の口伝の真信」を「差別の現実」の場で明らかにすることを求められていたのだと思う。

中四国同推は七者の協議会の中で最も歴史が浅く２０１２年に発足している。他の先輩協議会に学びながら、中四国のそれぞれの所属教区の同朋運動に刺激を与えられながら、一人ひとりが「われらなり」と名告ることのできる同朋教団を目指してこれからも進んで行きたい。

同朋運動を続けていくということ

同朋運動を続ける会　岩本智依

今回の同朋運動70周年を迎え、記念大会に参加し、またこの記念誌の作成に関わりながら、改めて「同朋運動を続ける」ということの意味を考えることが何度もあった。

同朋運動50周年が宗門をあげて行われた3年後、同朋運動を続ける会は設立された。50周年からわずか3年で、教団内では「同朋運動を続ける」ことをあえて会名とせねばならないほど、同朋運動に対する弾圧が吹き荒れていた。

それから運動の火を決して絶やさないという多くの人たちの願いにより、同朋運動は決して消されることなく、２０１０年の同朋運動60周年を迎えた。同朋運動60周年はまさに「運動が続いている」ことを確認する大会だった。同朋運動をそれぞれの現場で続ける数百人の名前が意見広告として新聞紙面を飾り、また当時は五者協だったそれぞれの団体の代表が同朋運動を続けていくことを立会演説で公言した（これらは当会機関紙『念仏と解放　第7号』に詳しい）。同朋運動60周年は同朋運動を続けていくことを互いに確認したものだったと言えるだろう。

それから10年がたち同朋運動70周年を迎えた今、念仏者の中に同朋運動が消え去ることや同朋運動の継続を危ぶむ声は10年前よりもずいぶんと小さい。なぜならば五者協が七者協になり、また同朋運動の自立と連帯が進み、同朋運動を担う念仏者がいる限り同朋運動が消えることが無いこと、そして同朋運動を担う一人ひとりの念仏者が今やそれぞれの地域にいることをみんなが確信しているのだから。

同朋運動が70周年を迎えた２０２０年は大変な年だった。その中、記念大会では前川喜平さんから憲法と子どもの人権の現実についての講演があった。前川さんの講演はＣＯＶＩＤ－19というウイルス感染症の拡大で子どもたちの人権がどのように脅かされているかという話だったが、かなり正確に子どもたちの人権が脅かされているということを予見されていた。講演の中で前川さんが語られた予見が正しかったことは数か月たった今、新聞等の報道が証明している。

確かにＣＯＶＩＤ－19というウイルスは未曽有ではある。しかし前川さんがこれまで子どもの人権に長年携わってこられた経験や、近年の状況の把握など、子どもたちの人権保護の運動を続けているからこそ、原因の一つがＣＯＶＩＤ－19であっても、それだけに惑わされないで子どもの人権の状況を見極め、現状を把握しさらに必要な支援活動ができることを大いに学んだ。

思えば、同朋運動もハンセン病などの感染症による差別を学び、また多くの人権侵害事件などに取り組む中で、今日のいわゆる〝コロナ差別〟について予見し、取り組みを進めていたのではなかったか。同朋運動を続けていくことの大きな意味を実感する記念講演だった。

また今回の同朋運動70周年記念誌は七者協それぞれの記録を収集記録している。つまり次世代に同朋運動の資料を残す役割も担っている。

同朋運動70周年はまさに同朋運動を続けることで未来を見すえていく、そういった役割があったと思う。同朋運動70周年記念大会の宣言が「未来は同朋運動によってこそ作られる。」と締めくくられている意義を改めてしっかりと受け止め、これからの同朋運動を続けていかなければと思う。

同朋運動70周年に寄せて

一般財団法人同和教育振興会 理事
小笠原正仁

同朋運動が70周年を迎えその記念法会と大会が行われた。課題がある限り運動を続けるとするなら、この70年は複雑な気持ちにさせる期間である。つまり、運動の課題はいまだ解消・克服されずにあるのかという自らへの問いである。

被差別当事者にすれば、わが身に降りかかる以上、長期間にわたることはたまったものではない。もちろん、放置しているわけではなく、ゆっくりとではあるが少しずつ運動の実績を積み重ねながら進んできたのである。しかし、そのような説明が被差別当事者に納得されることはない。被差別当事者にすれば、それは、差別者の言い訳であり、差別者がただちに差別をやめればよいだけなのである。差別は被差別者の課題ではなく、差別者側の課題なのであるから。

教団の歴史をふりかえれば、そのことは、「差別は無理解な個人の所業」として切り捨てられてきたことは随所に表れる。差別をする側が、自分の差別性に無関心なのである。それでは差別は再生産され続けるだけである。

同朋運動は、被差別者の課題、いや差別者の課題を、被差別者の側から明らかにして、教団全体の課題の共有として推進されてきたことに大きな意義がある。「差別・被差別からの解放」の実践であったと私は考えている。

そして、忘れてはいけないことは、「差別の因が差別される側にある以上、差別は被差別者の責任である。しかしながら、差別を受けるのは、自業自得で仕方ないとしても、周りの者もできるだけひどい差別は慎むようにしなければならない」、このような考えがまかり通っている中での同朋運動なのである。

声を上げた先人の苦しみや悲しみはいかほどかとも思うが、しかし、その叫びに共鳴し、呼応し、支えた人々の思いに、私は希望を見いだす。

もちろん、現在も、新自由主義者といわれる人々は、弱者からの搾取に余念がない。彼らはよく知っている。物質に価値があるのではなく、人が価値をうみだすということを。価値が時間に換算される以上に、人々はその人間性を搾取されるのである。そして、差別の正当化に用意された上記の言説は、現在の新自由主義による弱者からの搾取にも有効だということになる。仏の慈悲は無限に衆生に降り注ぐといってもその果が来世に限定されている限り、つまり現世の課題とならない限り、その言葉は人々に癒しを与えながら、新自由主義者のための搾取の温床としての「無抵抗の衆生の市場」を作り出すものであることは明白である。耐え難い状況を災難として諦める人々を作り出す言葉となっているのである。

70年継承されてきた同朋運動が見据える課題は、今や大きく重い。

そして、私は、部落解放という課題を忘れずに歩む。運動の成果として、法律として部落差別が社会に共有されたのである。この手掛かりは大きい。

70年前に同朋運動をはじめられた先人方は、きっとこのような状況を予想されていたのだろうと、いまさらながら思う。運動を提唱し、運動に呼応し、そして希望を持ちながら運動を継承されてきた先人に私は感謝する。

記念講演

格差社会の現状と子どもの課題

元文部科学省事務次官　前川喜平

はじめに

同朋運動70周年という記念の会にお招きいただきまして、本当にありがとうございます。

私の生まれは奈良県であります。御所《ごせ》という西光万吉《さいこうまんきち》さんがお生まれになったところでございます。小さい頃に東京に引っ越しましたので、大人になってから「実は私の生まれ故郷はあの水平社宣言を書いた人が生まれたところだった」と知ったわけです。

私の家の宗派は浄土宗です。祖母が信仰心のたいへんに篤《あつ》い人で、小さい頃は毎朝、祖母の唱えるお経とお念仏で目が覚めました。というのが私の宗教的原体験でございます。

公務員としての行動規準

本日頂戴している演題は「格差社会の現状と子どもの課題」です。私は38年間文部科学省で教育行政に携わっておりました。教育という分野から子どもにかかわってまいりました。私が38年間仕事をしていた中で、公務員としての審判の役割を果たしていたのはもちろん日本国憲法です。憲法99条に天皇も含めてですが、すべての「公務員は、この憲法を尊重し擁護する義務を負ふ」と書いてあるわけですから、すべての公務員は入庁する際、入職する際に、憲法99条を遵守して仕事をすると宣誓するわけです。ただ長いこと国とか地方の役所で暮らしていると初心を忘れてしまって、憲法から外れた仕事をする人もずいぶんでてくるわけですが、私はことあるごとに考えていたのは憲法の理念にかなった仕事をしているだろうか、ということでした。

憲法を実現すること

もし、この憲法の理念が100%実現していればこのような格差社会になっていないと思います。むしろ現状は、憲法が求める社会は実現していない、民主主義とか平和主義とか人権の尊重、自由とか平等とか生存権・学習権・労働者の権利等が十分に実現されていないのです。

これが日本の現状だと思います。この数年、正確に言うとこの8年くらい、この憲法の理念が後退しているのです。いわば、こんな憲法はいらないという人が権力を持っている、と私は危機感を抱いております。

人類普遍の日本国憲法

1947年に日本国憲法が施行されました。この日本国憲法を日本人の憲法ではないとあしざまに言う人がいます。ある意味これは日本人だけの憲法ではなく、これは人類の到達点であると言っていいと思うのです。これは人類が洋の東西を問わず人種や民族のいかんを問わず努力してきた成果が日本国憲法の中に結晶してきたのです。

日本国憲法自体の中に「人類」「普遍」という言葉が幾度か出てきます。前文の中にも出てきます。「そもそも国政は、国民の厳粛な信託によるものであつて、その権威は国民に由来し、その権力は国民の代表者がこれを行使し、その福利は国民がこれを享受する。これは人類普遍の原理であり、この憲法は、かかる原理に基くものである」と。つまり「人類普遍の原理」と述べているわけですから、日本人だけのためのものではないのです。

あるいは憲法97条基本的人権について述べている条文があるわけですが、「この憲法が日本国民に保障する基本的人権は、人類の多年にわたる自由獲得の努力の成果」だとこういう書き方をしています。もちろんこの人類の中に日本人も入っているわけですから、長い日本の歴史の中で、自由や平等を求めてきた人たちもたくさんいたわけで、そういう人たちの努力もそこに含まれているわけです。人類全体の努力が日本国憲法になっているのです。

その根本的な価値はどこにあるかというと、それは人間が大事だということであります。一人ひとりの人間のいのちや暮らし、一人ひとりの人間の幸福や自由に暮らすこと、こういったことが何より大事だという理念です。

これを個人の尊厳と言ったりします。憲法13条には「すべて国民は、個人として尊重される」と書かれています。一人ひとりの人間がかけがえのない存在だ、とここに出発点があるわけです。

そこから基本的人権の尊重、平和主義、国民主権といったことが導き出されます。

9条は押し付けられたのか？

よくこの憲法はアメリカ、マッカーサーに押し付けられたと言われます。しかしすでに明治の頃に自由民権運動もあったたし、たくさんの国民の間に「私擬憲法」と言われる、大日本帝国憲法のできる前にさまざまな憲法草案が作られておりました。

この日本国憲法ができる前にも、GHQ自体も直接参考にしたもののひとつに「憲法研究会」という日本の有識者が集まって作った「憲法草案要綱」がございます。あるいは9条の戦争放棄の主張というのは当時の首相である幣原《しではら》喜《き》重郎《じゅうろう》が提案したのだというマッカーサーの証言が残っていますし、幣原喜重郎本人の言葉も記録されて残っております。つまり9条の戦争放棄条項は、マッカーサーが押し付けたというのではなく、幣原の提案を取り入れたわけです。

幣原という人は、昭和初期の外交を担っていたわけですが、当人は、国際協調の外交をしようとしていたのに、軍部にどんどんと既成事実を作られて、戦争に引きずりこまれていった、そういう非常に苦い経験を持っていた人ですから、おそらく軍隊が大嫌いだったと思います。ですから、戦争放棄、戦力不保持はぜひとも新しい憲法に盛り込みたいと、彼自身が考えたということはあながち間違いではないと思います。

25条生存権規定は？

あるいは日本国憲法の中の25条の規定ですね。「すべて国民は、健康で文化的な最低限度の生活を営む権利を有する」というこの生存権の規定はマッカーサー草案にはなかったのです。これは帝国議会の憲法改正特別委員会の中で、日本の議員によって加えられた条文です。

森戸辰男とか鈴木義男とか立派な法学者あるいは経済学者といった人たちが、当時の議員にたくさんいたのです。こういう立派な学者さんたちが帝国議会議員をやっていたのです。

そして、この森戸辰男とか鈴木義男とかいう人たちがこの25条の生存権を盛り込んだのはお手本がありました。

それは1920年に作られたドイツのワイマール憲法です。このワイマール憲法で初めて生存権という規定が設けられました。人類が初めて、生存すること自体が人権だとはっきりと憲法にうたったのです。それを日本国憲法は採り入れたわけです。アメリカから来たのではなく、ドイツから来たわけです。アメリカの憲法には未だに生存権という規定はありません。

アメリカの憲法は進んでいるのか？

私見ですが、アメリカの憲法は遅れた憲法です。日本の憲法は20世紀ですけども、アメリカの憲法はまだ19世紀にとどまっています。武器を持ち歩くことが人権だと書いてあるのです。銃規制ができないのはアメリカの憲法に武器を持つことが人権だと書いてあるからなのです。こう言ってはなんですが、アメリカの方が日本よりよほど野蛮だと私は思っています。

憲法をないがしろにする政治

しかしそういう憲法をないがしろにする政治が横行したのです。私は何といってもこれはいかんと思いましたのは、集団的自衛権を認める閣議決定をした2014年でございました。閣議決定で憲法を変えることなんてできるはずがないのにかかわらず。憲法9条の解釈として従来政府の内閣法制局もずっと「集団的自衛権は認められない」と言っていたのに、無理やり法制局長官の首をすげ替えて、集団的自衛権を認めると閣議決定をしてしまったのです。

その閣議決定に基づいて、いわゆる安全保障法制といわれるものを立法したわけです。これは明らかに違憲立法だと思っておりましたし、今でも思っております。

２０１５年の9月にこの法律ができましたけれども、私は一個人一国民としてこれに反対だという声をどこかでちゃんと上げたいという気持ちがあったものですから、２０１５年9月18日の夜、文部科学省で仕事を終えた後に国会議事堂の正門前まで歩いていきまして、法案反対のデモに行ったわけです。これが一回きりです。何度も行ったわけではありません。しかし一国民として一度は声を上げておきたいという気がしたわけです。あれがもし、首相官邸の知るところとなっていたら翌年、事務次官になっていなかったと思います。

何が言いたいかと言いますと、憲法改正という前に今の憲法をないがしろにせず、１００％実現する努力をするべきだということです。子どもに着目した場合でも憲法の理念というものは実現されていないのです。

映画『子どもたちをよろしく』

私は文部省の先輩にあたる寺脇研という人と映画を一本作りました。私が作ったというより少し「かんだ」だけですが。『子どもたちをよろしく』という映画です。

主として作ったのは寺脇という人です。この人は文部省の役人でしたが、かなり型破りな人で「ゆとり教育」を推進するスポークスマンのような役目を担っておりました。また、文部官僚をやっているかたわら映画評論をやっていました。

キネマ旬報などを読んでいる人は寺脇研という人は映画評論家だと思っていて、文部官僚だとは思っていなかったわけです。一方で各都道府県や市町村の教育委員会や学校関係者の人たちは寺脇研という人はゆとり教育を推進する文部官僚だと思っていたわけです。映画評論家だと知っていた人はほとんどいなかったのです。

全く違う世界の人が、同じ人間を全く違う見方をしていたのです。同じ名前の人が文部省にもいるんだと映画関係者は思っていたし、教育関係者は同じ名前の人が映画評論をしているのだと思っていた。同じ名前の人が二人いると思っていたのです。

寺脇研という人は私の四年先輩で、文部省で、彼が係長で私が係員だったこともあるのです。「俺は映画評論で食っていけないから、副業で文部官僚やってんだ」って言っていました。

この人が最近になって映画評論だけでなく、映画を作る方の仕事をやるようになって3本目の映画を企画したのです。これが『子どもたちをよろしく』という映画でした。

これは文部官僚として抱いていた思いを映画に投影させたものです。じつは、それで私を引き込んだのです。それまで2つ作っておられました。しかし、それまでの映画はR指定が付いていて、子どもには見せられない映画だったのです。

重くてつらい内容

この『子どもたちをよろしく』のほうはR指定はございません。小・中学生に観せることはできます。ただ小・中学生に本当に見せていいかと言われますと、これは保護者が判断するべきだと思います。とても重い内容です。つらい映画なのです。

中心に描かれているテーマは中学生の間のいじめと自殺です。その背景にあるのが、家庭内での暴力とか依存症の問題です。児童虐待とかが描かれています。

当然、さまざまな暴力シーンもでてきますし、子ども同士のいじめのシーンや家庭内での大人から子どもへの暴力もあります。家庭内での大人から大人への暴力もありますし、家庭の外での大人と大人の暴力シーンもたくさん出てきます。

最後に待っているのは、いじめられている中学生が自ら命を断つという、非常に見た後でつらい気持ちになる映画です。

とくに希死念慮《きしねんりょ》、自殺をしたい気持ちを少しでも持っている人、あるいは児童虐待やいじめの被害者の経験のある人がこの映画を不用意に見てしまうと、フラッシュバックが起こるというか、起こりかねないというものです。

「この映画についてはこういう映画なんです」というようなネタバレというのは、映画の広報では普通しません。結末がどういうものなのかは言わないわけですが、この映画に関しては、私どもは、積極的に「この映画はどういう映画なのか、どういう結末なのか」という内容について、「中学生のいじめの問題と最後に中学生が自殺するという映画です」とあらかじめお伝えしております。

子どもの貧困を作る家庭の貧困

この映画はある意味では子どもの貧困を描いています。いじめや自殺という話題が出てきた時に多くの人は学校に注目するわけですが、この映画はあえて学校を描いておりません。むしろ家庭を描いております。

さまざまな社会のひずみが家庭の中に及んできて、家庭がどうしようもなくなるのです。「家庭がそのようになっているのは、社会が悪い」、というそこに思いを致してほしいなという気持ちで描いているわけです。

いじめている中学生の家庭というのは父親がひどいＤＶをふるっている。しかもその父親はアルコール依存症です。

いじめられて最後に自殺する子どもの家は父子家庭ですが、この父親はギャンブル依存症です。風俗の運転手の仕事をしていますが、給料を前借してはパチンコや競艇につぎ込んでいます。当然、ガス代も電気代も払えなくなる状態に落ち込んでいきます。

子どもの貧困へのアプローチ

今子どもの七人に一人が貧困にある社会だ、そう言われております。実際に朝ごはんが食べられない、食べさせてもらえない。着替えが無い。散髪に行けないので頭がぼさぼさになっているそういう子どもや、うちの中に勉強机が無い、自分の机が無いから机に向かって勉強できない、勉強したくても宿題を見てくれる大人もいない、そういう子どもはかなりたくさんいるわけです。

私は文部科学省で教育行政の立場からこういった子どもの貧困の問題を考えました。教育行政でできることと教育行政でできないことがあります。もちろんこれは行政の分野でいえば児童福祉の分野と隣接するわけですが、児童福祉と教育と両方の分野が連携しあえないと、行政としては十分なことができないわけです。

しかしそれら行政だけではできない、やはり社会全体の問題として考えてもらう必要があるんじゃないかということをずっと考えてきたのです。この映画を作った思いもそういうところにあるわけです。

貧困の現実

子どもの貧困というのは単に環境の問題だけではないと、つまりお金が無いから貧困だ、それはその通りなわけですけど、じゃあお金があったらその子どもたちはそれだけで救われるかというと、お金があるだけでは、お金を渡しただけでは救われない。

とくに子どもの貧困といった場合には経済的貧困だけではなく社会的貧困というべきものがあって、「子どもをとりまく豊かな人間関係」があるかないか、これが大きいと思います、今子どもの貧困と言うときに、子どもが育つ環境において、子どもたちに目を向けてくれる大人が少なすぎる、という問題があります。どこかにだれか子どもの相談相手になってくれる人がいたら、間違っても子どもが自殺することは無いと思います。だれも見ていてくれないということになると、子どもは居場所を失って自ら命を絶つということになりかねないわけです。

増加する子どもの自殺

子どもの自殺。これは文部科学省と警察庁、それぞれで統計を取っております。文部科学省の統計はすべて学校からの報告を累計したものです。

小中高等学校の児童生徒で自殺したということで『文部科学白書』に載せているわけです。しかし、それは、単なる数字ではありますけれど、一人ひとりの重い経緯があるわけです。

文部科学省の方の統計は学校からの統計によるものなので、実数より少ないことがあります。学校に対して、報告してくれるなと保護者が言うケースがあります。ですから、常に警察庁からの報告の数が多いのです。

しかし、文部科学省の統計だけを見ましても、2018年度に初めて300人を超えました。2019年度も300人を超えました。2年続けて300人を超えました。そしておそらく今年度(2020年度)は、あまり考えたくはないですが、もっと増えるのではないかと恐れております。

今年は子どもにとってつらい年です。もちろん大人にとってもつらい年ですが、新型コロナウイルスに起因する、さらに言えば政治の貧困に起因する子どもたちのつらい状況がかなり深刻化していると思います。居場所を失って自ら命を絶つという子どもたちが今年は増えるのではないかと非常に心配しているのです。

「自ら命を絶つ」。それは、生きる場所を失ってしまっているということです。もはや生きる場所が無い、だから死を選んでしまうのです。

居場所を用意する

生きる場所を別の言い方をすると「居場所」と言います。子どもがここは「居場所」だと、安心する場所、ここにいても良いんだという場所が、どこかにあれば命を絶つということは抑えられるでしょう。家庭かあるいは学校でも良いのです。学校でも誰かが、心をつないでくれる大人がいれば。それは担任の教師じゃなくても良いのです。担任の教師と折り合いの悪い子もいます。保健室にいる養護教員でもいいし、あるいは用務員さんでもいい。あるいは地域の人で学校に協力してくれている人でも。そういう誰かが見てくれている、それだけで、そこは居場所になりうるわけです。

居場所としてのお寺

あるいは地域で子どもたちに関わってくれる大人がいることも大切です。一つはお寺の役割です。そういう子どもたちの居場所として、お寺が関わってくれれば、子どもたちは自ら命を絶つことはありません。どこにも居場所が無くなってしまった子どもが自ら命を絶つということになってしまうのです。

大人による被害

命を絶つというところまでいかなくても、居場所を失った子どもはどこへいくと思いますか。今問題になっているのはＳＮＳで知り合った見も知らない大人のところへいってしまい、そこでまた被害に遭《あ》うということです。そういうケースが後を絶たないのです。それでも自分の家の中にいるよりはマシだと家出してしまうのです。家出して知らない人のところにいってしまう。これも「居場所」のない子どもの問題です。

「親学」を提唱する人

こういった問題にどうしたら良いのか。まずは家庭が子どもたちの居場所になっていないわけです。育児放棄・ネグレクトが起こっているわけです。そこでは、親の責任を追及し、親がしっかりしなきゃいけないと言っても始まらないわけです。

なのに、「親をしっかりさせるんだ」と親を教育しようとする人がいるわけです。「親学」というかなりまがいものに近い学問を唱える人もいます。「親学」を広げていけば子どもの問題は解決するというのです。

この「親学」というものを広げることによって子どもの不幸な状況が改善されるかというと、私はほとんど改善されないと思います。では、学校で道徳教育をやればいいのでしょうか。私は道徳教育でも自殺を防ぐことはできないと思います。

親や家庭にできないからこそ、周りの大人がかかわっていくことが大切なのです。それで少しでも予防しなければということです。

不登校

自殺ほど深刻でないにしても、今増えているのは不登校なのです。不登校はまさにこの8年の間に激増しています。

文部科学省ではなんとか不登校を減らしたいと考えています。これは、子どもにとれば、学校が安心して学べる場になっているのかどうかということです。学校というところが、子どもたちが喜んで通いたくなるような居場所になっていれば不登校は減らせます。そういう努力を文部科学省は１９９０年代から２０００年代にやっておりました。

実は「ゆとり教育」とはそういうことなのです。子どもたちがゆとりを持って学べるように、そうすることで子どもたちが「学校へ行くのが楽しい」と思えるような学校づくりをしていくということをしていたわけです。しかし、２０１０年前後から変わってきたわけです。

不登校の増加

この不登校というのは２０１２年度が一番少なかったのです。11万人台までずっと減っていって、私はこのままいけば、そのうち10万人を割るだろう、いい方向に行くだろうと思っていたのです。しかし、

２０１２年度を境に増加に転じてしまったわけです。この２０１２年というのは偶然ではあるかもしれませんけど、第２次安倍政権ができた年です。

第２次安倍政権から菅政権にかけてのこの８年間の間にずっと不登校は増えています。２０１９年度は18万人台まで増えています。ものすごく増えています。これは小・中学校だけの数字です。小・中学校で不登校の子どもの数、これが８年間で、正確に言うと７年間で11万人台から18万人台に増えているのです。つまり学校がものすごく居心地の悪い場所になっているということです。

不登校の原因

不登校の原因は何か。文部科学省が学校からもらう報告では「本人に問題がある」というのが多いわけです。「本人の無気力や不安が問題である」というのが39・２％です。それから「本人の生活のリズムの乱れや遊び、非行」これが９・１％。これらをあわせるとほぼ半分くらいになります。「本人に問題がある」と学校がいうのは半分になるということです。

それから家庭に問題がある。「家庭や親子の関り方に問題がある」というのが10・２％、それから「家庭内の不和」というのが１・８％ですね。家庭に問題があるというのが総じて15％くらいあるわけです。

要するに学校の側に問題があるから不登校になっているという認識が学校の側にないというわけです。これは文部科学省の統計は学校からの報告を集計しますので、そこは、学校に都合のいいバイアスがかかっていると見るべきだと思っています。

私自身はどう考えてきたかというと、不登校というのは「子どもの学校への不適応」ではなくて「学校の子どもへの不適応」だということです。学校側の不適応状況が、悪化しているのではないか。子どもたちの居心地が悪くなっているのではないかと考えています。

スタンダード教育とマニュアル化

今学校で流行っている言葉、というか普及している言葉に「スタンダード」という言葉があります。教育委員会や学校が、学校生活や学校での教育についてスタンダード化、標準化していく、そういう動きが広がっているのです。言い換えれば、マニュアル化するということです。子どもたちの行動様式についても「こういう風に授業するのだ」「この手順で必ずやりなさい」とか、子どもたちに教え込むのです。「こういう風に行動しなさい」と子どもたちに教え込むのです。

たとえば職員室に入る前の作法とかです。まず廊下に立って大きな声で「○年○組の○○です。××先生はいらっしゃいますか」と言いなさいとか。「入ってよろしい」と言われたら入りなさいとかです。こういう作法を事細かく子どもたちに植え付けているのです。このような「スタンダード」と言われる教育実践が広がっているのです。

全国学力テストの実施

それからさらに学力テストというのがあります。これは、私は実施していた方です。2007年から全国学力テストというものをやっていました。

これは文部科学省の中から出た話ではありません。文部科学省の役人がやろうと思ってやったわけじゃなくて、当時の小泉内閣がやるべきだといってやったわけです。

お手本はイギリスです。イギリスのサッチャーという人が新自由主義的な競争政策の一環として、同じテストを学校ごとに受けさせて、学校ごとにテストの結果を競わせようという考え方で導入されたものだったのです。

それを日本でもやろうじゃないかとなって、全国学力テストというのが、２００７年から始まったわけです。

学力テストの不毛な競争

文部省はかつて１９５０年代から１９６０年代にかけて全国一斉学力テストというのをやった経験があるわけですね。しかし、それが大失敗した。不毛な競争を引き起こして良いことがなかったのです。ですから文部科学省の中では、旧文部省の時代から全国共通学力テストはやるべきではないという考え方が支配的だったんです。私も文部省の先輩から一斉学力テストはやるべきではないと伝えられていました。ところがそれが政治的に一斉学力テストはやるべきだというこという考え方になってしまった。

不毛な競争の具体的事例

実際、不毛な競争が起きています。どうしても47都道府県ありますから、1位の県と47位の県が出てきてしまうわけですね。

沖縄県はずっと最初の学力テストは47位だったわけです。そこで沖縄県はなんとか47位から脱出しようとして、かなりの無理をして、無理を重ねて45位とか46位とかになったのです。しかしそうすると必ずどこかが47位になりますから。とにかく47位にはなりたくない、それでテスト対策をするわけです。こういう不毛な競争が昭和30年代の全国学力テストにもあったのです。

今回の全国共通学力テストの1回目と2回目は香川県が全国1位だったのです。そうすると隣の愛媛県が香川には負けるものかと、一生懸命学力テスト対策をして3回目には愛媛県が全国1位を勝ち取ったわけです。ただその裏には非常にひずみがあったわけです。何度も何度も模擬テストのようなことをさせるとかです。

学力テストでの不正

それから実際不正も起こったわけです。「田植え」とか「間引き」とか言葉が残っておりますが、「間引き」とはテストの当日に成績の悪い子は休ませるというものです。そうすると必然的に平均点が上がります。それから「田植え」というのはもっと直接的で、先生が机の間を歩きながら正解を教えるというものです。そういう言葉が残っているくらいですから、現実には、不正が起こっていたということです。そんなことまでして、とにかくテストの成績を上げる、点数を上げるというようなことをやっていたわけです。子どもたちがそういう競争の道具にされてしまっていたということです。

私は子どもの貧困の裏側にそういう政策の誤りがあると思っています。私自身は中にいたわけですが、「これは問題だな」と思いながらやらざるをえない立場にいたという私の状況がありました。

新自由主義と格差の拡大

最初に申し上げましたように、憲法の理念が実現していればこういう風に格差が広がるようなことは無かったわけです。憲法の理想は未だに実現していない。むしろ後退しているということがありました。格差が拡大している、憲法の理念が後退しているという、その一つの理由は新自由主義的な、今申し上げたような競争させれば絶対よくなるというような、新自由主義的な政策のせいです。そういう政策のせいで非正規労働者が増えていくし、そのせいでひとり親世帯の子どもたちは貧困状態に落とし込まれてしまう。こういう悪循環がずっと続いてきていると思います。

こういう貧困による教育格差が広がってきてしまっているのです。むしろこの格差をどこから是正するかというと子どもの教育格差、学習格差というものを無くしていくというところから社会全体の格差の解消を図っていくべきではないかと私は考えています。

子どもを救済するということ

そもそも子どもたちは貧しい家に生まれたいといって生まれたわけではないし、豊かな家に生まれたいと生まれたわけではありません。たまたま豊かな家に生まれるか貧しい家に生まれるかの境遇になっているだけです。子どもには何ひとつ自己責任もないわけです。

まずは自助だという人もいますけど、子どもにまずは自助とは言えないわけです。子どもは自助する存在ではありません。やはりまわりの大人が助けなければ子どもは学んだり育ったりすることはできません。その環境をどうやって作るのか。それは憲法の25条や26条の理念が本当に実現されていれば子どもたちは安心して育っていくことができるはずです。しかし、それができていないのです。

格差を拡大した全国一斉休校

その問題が、今年はとくに顕在化したと思います。新型コロナウイルスのせいです。新型コロナウイルス感染症の影響で子どもを取り巻く格差の状況が拡大してきた、顕在化したということが言えると思うのです。

まず私が非常に問題だと思っているのが、全国一斉休校です。これはもうとんでもない失政で、悪政です。新型コロナウイルスを理由としていますが、むしろこれは人災だと思っています。人間が引き起こした災害、子どもたちにとってはそうなのです。全国一斉休校は必要なかったのです。どう考えたってそうなのです。たしかに休校が必要だった学校は、部分的にはあります。しかし全国一斉にすべての学校を休校にするなど全く必要はなかったと思います。

あの時は試行錯誤だったから、と言い訳する人もあります。しかし、誰が考えたってあの時点で全国一斉にすべての学校を休校にする必要はなかったのです。

全国一斉休校の経緯

全国一斉休校というのは今年の2月27日に安倍首相が突然言い始めたのです。その時点で文部科学省は全国一斉に休校にする必要は全く考えていませんでした。安倍首相が2月27日に全国一斉休校ということを要請しましたが、その2日前に文部科学省は新型コロナウイルス感染対策についての文書を各教育委員会に向けて出しているわけです。

その2月25日の文章を読むとこれは非常に合理的な考え方なのです。「学校の中で児童生徒あるいは職員に感染者が見つかった場合には休校にしましょう」、それから「地域の中で感染者が出た場合、その児童生徒や職員に濃厚接触者がいた場合、その教職員児童生徒には登校を控えてもらう」という対象を限定した設定で「学校全体で休校」とは言っていません。

それから「地域の中で例えば京都市ならば京都市の学校が休校するということは考えられないわけでは

ない」とこれはその地域で感染が爆発的に拡大している場合、その場合はいわゆるロックダウンに近い状態です。その場合は、地域の中で学校を休校することは考えられるけれど、それはその地域の衛生局等と相談のうえでおこなってくれ、とこういう言い方だったわけです。

科学的根拠のない全国一斉休校

私はこの2月25日に文部科学省が出した文書というのは非常に合理的に考えていると思います。ところが、その2日後にいきなり首相が全国一斉休校といったわけです。この安倍首相の全国一斉休校要請とは二つの意味で根拠がないのです。

一つは科学的根拠がない。エビデンス（データなどに基づく科学的証拠）という言葉がよく使われていますが、なんのエビデンスもないのです。科学者や専門家といわれる人の中に全国一斉休校が必要だと言った人は一人もいないのです。政府専門家会議にも一人もいなかったわけです。つまりそういう科学的根拠が一つもないものなのです。

法的根拠のない要請

もう一つは法的根拠がないということです。百歩譲って、文部科学大臣は各教育委員会に対して指導・助言・援助をするという権限を持っていますから、できたかもしれません。しかし内閣総理大臣というのは教育委員会に対して何らの指導も助言も権限は持っていないのです。それは、越権行為なのです。

この科学的根拠も法的根拠もないことをやったのですが、残念なことに文部科学省は抵抗しきれなかった、いや、実のところ、ほとんど抵抗しなかったわけです。

萩生田さんという文部科学大臣はある程度の抵抗はしたのです。全国の学校に対して責任を負っていますから。いきなり全国の学校を一斉に休校などやるべきではないと、あの萩生田さんが、ちゃんと判断できたわけです。しかしそれを押し切ってやってしまったのです。

教育委員会による教育を受ける権利の否定

文部科学省のその翌日の2月28日に事務次官名で全国一斉休校をやってくださいという通知を出したのです。私が非常に残念だなと思うのは、各都道府県の教育委員会がこの首相の全国一斉休校の要請にそのまま従ってしまったことです。

完全な思考停止状態です。自分たちで考えれば、自分たちの町で学校を休校にすべきかどうかという結論はでるはずなのです。それが総理大臣の要請だからと学校を閉じてしまった。学校を閉じるということは子どもたちに大きな影響を与えるのは必至です。学校は何のためにあるかというと、憲法26条にある教育を受ける権利を子どもたちに保障するためにあるわけです。それを閉じてしまうということは人権を侵害する行為です。教育を受ける権利を否定するわけですから、安易にやってはいけないわけです。ところがそれを非常に安易にやってしまったわけです。子どもたちの教育を受ける権利を奪ってしまったのです。一番やってはいけない行為であったのを教育委員会自身がやってしまったのです。

いくら文部科学省の通知があったからといって総理大臣の要請があったからといって、地域、地域の、現場、現場の、教育に責任を担っている教育委員会が上意下達に従ってしまった。これは責任放棄だと思います。

長いものには巻かれろと言いますが、上からの意思に従っておれば、あの時は従ったのですと言えば責任が逃れられる。たしかに安倍さんは悪かったのです。しかし、それに唯々諾々と従ってしまった教育委員会にも責任があります。むしろ住民への責任を負っているのは教育委員会なのです。

休校については、学校保健安全法という法律で権限がどこにあるのかは決まっています。公立学校に限って言えば設置者である自治体の教育委員会が責任と権限を持っているわけですから、その責任と権限を正しく行使しなければいけなかったわけです。それをやらなかった。私はそれを非常に残念に思っています。

休校しなかった自治体

3月4日の時点で文部科学省が調査したところ、全国の学校うち99%の学校が休校に入りました。しかし1%休校にしなかったところがあるのです。

たとえば都道府県立学校で一県だけ休校にしなかったのです。島根県です。島根県だけは県立の学校を休校にしなかったのです。安倍首相が全国一斉休校の要請をしたのですが、島根県だけは県立の学校を休校にしませんでした。

ただし、これは教育委員会が判断したのではなくて、知事が判断しました。実は、知事は権限を持っていないので、本当は教育委員会が判断しなければいけなかったのです。しかし、島根県の教育委員会は文部科学省から通知が来たので休校にしようとしたのです。そこに待ったをかけたのは知事の方なのです。これもまた教育行政という観点から見ると問題です。

全国一斉休校から緊急事態宣言へ

こうして全国一斉休校が始まってしまって、最初、全国一斉休校は春休みまでというはずだったのですが、4月に入ると緊急事態宣言が出されるわけです。

最初は7都府県というはずだったのが、それが4月16日には全国に拡大したのです。その時点では、たとえば岩手県のように一人も感染者がいない県もあったのですが、全国に緊急事態宣言が出たわけです。

あの時緊急事態で、今が緊急事態じゃないのが、私は全く理解できません。

東京では「東京アラート」というのがありました。小池知事がレインボーブリッジという、いつもは7色の橋なのですが、それを真っ赤に照らして、「これはアラートです。赤い色の時は皆さん注意してください」という注意喚起をしました。あれは東京都内で1日に30人を超える感染者が見つかり、これは大変だといって出されたアラートだったのですが、今は５００人を超えているわけです。今はもう東京中の橋を赤くしてもいいはずなのです。あの時あれだけ大騒ぎしたのに、今は何をしているのでしょう。今はどんどん感染者も死者も増えているのに決定的な手立てを国も都も取っていない。私は非常にちぐはぐに感じています。

緊急事態宣言の発出

そんな中で4月7日に緊急事態宣言が出ました。それが全国に拡大する中で休校期間がどんどん長くなってしまった。さらに緊急事態宣言は5月の連休明けまでだという話だったので、学校関係者、文部科学省もふくめて、5月の連休明けになったら、一月遅れだけれども学校を再開できるだろう、新学期が始められるだろうと思っていたところ、5月4日になって緊急事態宣言を5月いっぱい延長すると、首相が宣言したのです。そのために休校が5月いっぱいというわけで伸びてしまったのです。

緊急事態宣言解除のちぐはぐ

緊急事態宣言は、5月4日の時点では5月いっぱいとなっていましたが、実際には順次解除されていきました。東京都など7都府県で解除されたのは、5月15日だったのです。ところが休校の方は5月いっぱい休校すると決めてしまっていて、ほとんどの教育委員会は5月いっぱい、ずっと休校したわけです。それで、5月15日に緊急事態宣言は解除されて、居酒屋さんの営業自粛などは解除されていたのに、学校の方はずっと閉じていたのです。

ですから非常におかしな話になっていたわけですが、学校だけが、ずっと4月、5月と活動を停止させられていたわけです。カラオケ屋さんも居酒屋さんもキャバクラもずっと営業していたのに、学校だけがずっと停止させられていたのです。学習塾はやっていました。それから行き場のない子のために学童保育の方はずっとやっていました。学童保育の方が密であるにもかかわらず、学校は休校で学童保育は開いていたのです。全く矛盾に満ちたことが行われていたのです。

一斉休校の子どもたちへの影響

一斉休校は子どもたちに色々な災難をもたらしたわけです。まず文部科学省の通知の中では子どもが家庭に留まるように指導しろとなっていたわけです。ですから学校の先生は子どもたちに「ずっと家にいろ」と「外に出ちゃいけません」と言っていたわけです。これはまた子どもたちに大きな悪影響を及ぼしたわけであります。

うちに閉じこもっていればストレスはたまりますし、スマホとかゲームに依存することになってしまう。外に出て遊ぼうとすると「自粛警察」という大人がやってきて、公園で遊んでいる大人が、公園で遊んでいる子どもに「公園で遊ぶな」というわけです。子どもは遊んでいけなくて、大人は良いなんてそんな法律どこにも無いわけです。これも自分の頭で考えてない大人がそういうことを言うのです。

「子どもはうちにいろ」と学校で言われたじゃないか。俺たちは言われてないからここにいても良いのだなんて、これは自分の頭で考えてない大人がこういうことをするのです。自分が正義だと思い込んでいるのです。そういう情けない間違った正義を振りかざす大人がいっぱいいて、子どもたちは大変な目に遭っていたのです。

学習格差の拡大

そして学習の遅れが、これは学習の格差ですが、これが大きく開いたのです。これは学校が休校の間に文部科学省が学校に何を言ったかというと、学校で勉強できない間は家庭で学習させなさいと。そのために宿題、それを出しなさい。そうやって学校で勉強できない間の遅れを取り戻させなさいとやったわけですけど。これがちゃんとできる子とできない子がいます。あるいはちゃんとできる環境にいる子とできない環境にいる子がいるわけです。

父母が見ていた場合

これは朝日新聞のデジタル版がやった調査なのですが、「この休校期間中に子どもたちが勉強するのを誰が見ていたのか」、つまり、大人がついて先生の代わりになって子どもの勉強を見ていたのかという調査です。

46％の家庭では母親が見ていたというのです。見ていたといってもつきっきりで見ていたわけではないとは思いますが、でも母親が時間を作って先生の代わりをしているということです。父親が見ているのは4％しかない。父親と母親をあわせても50％しかないのです。

オンライン学習塾の場合

もっと恵まれた家庭は家庭教師が来てくれるとか、あるいはオンラインの学習塾というのがあります。このオンラインの学習塾というのは掻《か》き入れ時だったわけです。学校が休みの間もオンラインで授業やりますよっていうので。そういうオンライン授業の力を借りるというのもかなりありました。

子ども1人でやらざるをえない場合

こういう形で、オンラインなどの環境がある子どもはいいですけど、この調査では34％の子どもは誰もついてなかったことがわかります。つまり3人に1人の子どもは家庭学習を1人でやらざるをえなかったのです。つまり、結局やってないわけです。

家庭学習の時間割

文部科学省は、各教育委員会に対して家庭学習のスケジュールを渡すのも一つの方法だと言ったのです。学校の時間割のようなもので、月曜日の何時から何時まではここをやりなさいというのです。家庭学習の時間割を作って渡したのです。こんなもの誰が守るのですか。子どもがそれを守るはずありません。だからそんな時間割作ったって何の意味もないと思います。心のこもっていない指示をしたところで、なんの効果もないのです。そうやって休校期間中に教育格差がどんどん開いていってしまった。これは深刻な問題です。

子どもの飢餓

それからこの休校期間にもっと深刻な問題も起きてきました。文字通り飢えた子どもが出ていたわけです。3か月学校給食を受けてなかったわけです。今の日本の社会では、かろうじて学校給食によって成長に必要な栄養を受けているという子どもがかなりの人数いるわけです。ここで学校給食が3か月無くなってしまうと本当に大きくなるための栄養が摂《と》れない子どもが出てくるのです。

食べるのに困るということです。実際に生活のために食を切り詰めなければならない家庭が出てきたということです。そういう場合でも親は1日3食を2食にしたり1食にしたりしながら子どもに食べさせようという、そういう努力をしている親もいたと思います。しかし実際、大人も子どもも食べられなくなっている、そういう家庭も出てきたと思います。

子ども食堂の活動と限界

そういった家庭での食事に困っている子どもたちのために、これは共助の枠組みとして子ども食堂というのが広がっています。今全国に4000近く存在していると言われています。

しかし、その子ども食堂についても、やはり新型コロナウイルスが広まる中で、やはり人が集まって食事することは感染の恐れがあると、子ども食堂も活動を休止したというところが出てきて、9割くらい活動を停止したと言われています。ただその半分くらいは、そこで食べることは休止したけれど、お弁当を作って事業を展開して、なんとか子どもたちの食を確保しようとしていたようです。しかしこれは地域の人たちの善意がベースですから。限界があります。もともと子ども食堂は毎日、毎日じゃなくて、月に1回とか週に1回とかでやっているわけですから。

学校給食の役割

私は学校の給食は続けるべきだと思っています。学校の授業をしなくても給食は希望者には作って提供する。学校給食とは単に教育という教育政策というレベルではなく、子どもの生存権に関わる問題であるわけです。ですから学校は休校になっても給食はやるべきであったのです。

児童虐待の報告件数

それからさらに子どもたちを襲った深刻な問題はやはり家庭内での児童虐待だと思います。大人も子どももストレスをため込んで家の中に閉じこもっていれば、必ず虐待が起こります。ところがこのことは数字ではなかなか表れてこなかったのです。たとえばチャイルド・ラインという子どもの相談事を電話で受ける、そういうものがあります。このチャイルド・ラインにかかってきた電話は4月、5月に激増したのです。ですから困った状況に置かれた子どもたちがたくさんいたということはわかっているのです。

しかし児童虐待の件数というのは、これはどうやって把握しているかというと、児童相談所が取り扱った件数から見るわけです。

2019年度の分は、児童相談所が児童虐待取扱件数として把握しています。厚生労働省が取りまとめている件数です。定期的に厚生労働省がこれに速報値を足しています。この速報値を見ても今年（2020年）は、1月、2月、3月と、去年（2019年）より1割から2割増えています。

児童虐待は、ここ毎年1割ほど増えていますから、去年より今年の1月、2月、3月は増えているというのは増加のトレンド（傾向）の中にあると言っていいのですが、4月は去年より増えていたのですが、それほど変わっていません。そして5月は去年の5月より減っていたのです。

これは5月というのは休校が3月から長引いて一番深刻化した時期なのですけど、この一番深刻化した5月の時期に児童相談所が取り扱った件数が減っているわけです。で、なぜ減ったのかというと通告が減っているからです。どこからの通告かというともちろん学校からです。学校からの通告がほとんどゼロです。幼稚園もそうです。それから保育園は自主的に登園を自粛してくださいとお願いしていた時期です。保育園からの通告、それから病院からです。院内感染を恐れて通院を控えていたこともあり、病院からの通告も減っています。つまり児童相談所への通告が減ったのです。

増えたのは警察からです。警察が通告するというのは深刻なケースが多いわけですから、警察から通告が増えているということは深刻なケースが増えているということがわかる。しかし全体の件数は減っている。これは虐待が減ったのではなく、通告が減ったために虐待の取扱件数が減ったと、こう見ざるをえないですね。

深刻化する児童虐待

つまり深刻化しているけれど潜在している。ひどいことになっているが、見えなくなっている。見えない中で進行していた。学校が再開されてそれがだんだん見えるようになってきた。わかるようになってきて、今の児童相談所には休校期間中に抑え込まれていた件数が噴出してきている。今、児童相談所はたいへんなことになっているのではないかと思います。

こうやって前述したように、家に居場所がなくなって家出する子もいたでしょうし、おそらく自殺も増えていると思います。

なかなか始まらない学校

6月に入ってから学校が再開しました。これも地域によってずいぶん違いますが、東京都の教育委員会は本当に官僚的です。分散登校の登校日すら設けず3月〜5月を完全に休校して、6月に入ってから分散登校したんです。都立学校が完全に再開したのが6月29日ですから。3月〜6月とほぼ4か月続いたわけです。

都立学校の場合ですけど、そんなこともあって、都立高校の生徒の中から、こんなに休校が続くなら9月入学にしてほしいという声が出てきたのです。いっそのこと学年の始まりをずらして9月にしてくれと。こういう声も出てきたわけです。これは切実な声としてわかりますが、9月入学というのはそう簡単なことではありません。4月入学を9月入学に変えるというのは、ものすごくエネルギーのいることでして、とくに小中学校の義務教育についてはそう簡単にはいかないことです。

結局、9月入学の議論は一部の知事さんとか一部の議員とか、政府官邸の人には、安倍さんなんかはかなり前のめりになっていたのですが、結局見送りになった。5月中、ずっと議論されていたのですが、やっぱり無理だとなって立ち消えしたわけです。

私は無くなってよかったと思っています。こんな議論する必要はなかったと思っています。それよりは学校を再開させる方が先だったと思います。ところがそれができずにずるずると休校が長引いてしまったのです。

再開後の詰込み教育

その結果、今何が起きているかというと、詰込み授業が行われています。

3月~5月の間授業ができなかった分を残りの期間で取り戻すのだとやっています。これがまた子どもたちにものすごくストレスを与えている。授業をやらなければいけないのでさまざまな学校行事も中止しています。運動会もやらない。遠足もやらない。修学旅行もやらないとかです。修学旅行も別の意味で感染拡大を防止するためというのもあると思うのです。しかしGOTOキャンペーンをやっているのですからね。GOTOキャンペーンやっているなら、私は修学旅行こそ優先的にGOTOキャンペーンの対象にしたらいいと思います。修学旅行以外は禁止。不要不急の大人の温泉旅行なんかは止めたらいい。しかし子どもたちの修学旅行というのは子どもたちの一生に一度の思い出ですから。これは私はやるべきだと思いますね。

休校は感染から子どもを守るのか

そもそも学校の休校が子どもたちの健康にとって本当に必要なのかというところに戻らなければいけないわけです。

これは先ほど申しましたように、政府専門家会議でも学校の全国一斉休校は必要だとは、一言も言っていなかったわけです。専門的な学会、日本小児科学会という、小児科の研究者の学会がありますが、日本小児科学会が5月に専門的な意見を発表しております。学校の休校というのは感染の拡大を防止する効果はほとんどない、と。学校が起点になって広まることはない。学校に持ち込まれることはあっても、学校から広がることはほとんどないのだ、ということを言っています。

これは今、文部科学省が調べている数字を見ても明らかです。小学生の感染者のうち、73％は家庭内感染です。学校で感染したというのは6％しかない。そのうち6％の内実はわかっていませんけど、おそらく半分以上が教員からうつっているわけです。つまり大人が子どもにうつしているのであって、子どもが大人にうつしているということはあまりないのです。

行動範囲の異なる高校生・大学生

ただし、高校生・大学生になると危ないです。盛り場にいって遊んだりしますから。ゲームセンターにいったり、カラオケにいったり、ショッピングにいったりしますから。

高校生以上になると行動範囲はかなり広まります。しかし小・中学生の生活範囲はぐっと狭い。小・中学生がウイルスに感染してくるということはほとんど考えられない。それはデータでも小学生の73％は家庭内感染だというわけです。

休止の対象

つまり感染拡大を防止するのであるなら学校ではなくて、もっと閉じる必要があるところがあるわけです。居酒屋とか盛り場です。もちろん、居酒屋も苦労していますが、感染で注意しなければならないのは、大人が集まって密になってしゃべるところです。しゃべらないところでは私はほとんどリスクが無いと思います。

たとえば黙って観ている映画とか、講演会とかです。そこは大丈夫だと思います。やはり何といってもお酒を飲んで大きな声になってしまうというところが一番危ないのだと思います。そういうところはほっといて学校を閉じるというのは本当にナンセンスだと思います。

小児科学会の見解

この小児科学会の見解ではまず感染拡大に効果が無いというだけではなく、子どもの健康を考えたら、休校にした方が健康に良くないとあるのです。休校にすることによって生じる健康被害の方が心配だと言っているわけです。

今申し上げましたようにゲーム依存になるとか、虐待が起こるとか、こちらの方が心配だというわけです。これは今年の五月に日本小児科学会が見解をまとめて発表しております。

詰込み教育の実態

今問題なのは、文部科学省は遅れを取り戻しなさいと学校に言っていることです。たしかに、無理やり今年度中にやらなくてもいい、とは言っています。来年、再来年と2年くらいは繰り越してもいいから、とにかくやるべき授業はちゃんとやれと言っているのです。

こういうことを文部科学省は言っているわけですが、「忠実な」学校現場は、そのせいで詰込みが起こっているのです。

文部科学省はそういう繰り越しができるとは言っていますけれど、最終学年だけは別だと言っているわけです。小学校6年生と中学校3年生は来年の3月までに全部やり切れというわけです。これはもう大変なことです。

新学習指導要領の標準授業時数

そもそも、今年度は新しい学習指導要領の本格実施の年なのです。これまで学習指導要領に比べてもともと授業日数が増えているのです。

小学校6年生を例にとると標準授業時数といって小学6年生の間の授業時間ですが、1015時間なのです。これは、ゆとり教育の時代の最後の年、2010年だったのですが、その年までの学習指導要領では945時間だったのです。これは945時間というのは1年間で35週授業をするという考え方でできているのですが、35で割るとどうなるかというと、5日のうち6時間授業が2日、5時間授業が3日とこういう時間割になるのです。

ところが今年度からの学習指導要領だと1015時間です。これはどういうことになるかというと、5日のうち6時間授業の日が4日、5時間授業の日が1日だけという。これでぴったり1015時間になります。

学校現場でのしわ寄せ

現実には多くの学校、多くの地域の学校では標準授業時間は上回るべきだという考え方は強いわけです。標準授業時数を上回る時間にしようとすれば、小学校6年生の場合は全日、月曜から金曜まですべての日が6時間授業になるわけです。こういう学校が多いのです。

それで遅れを取り戻すためには、1日に7時間勉強をするとか、あるいは土曜にも授業をするとか、夏休みや冬休みを短くするとか、学校行事を削って授業するとかですね、そういうことをせざるをえなくなるわけです。1015時間も確保しようとすると。

授業時間数は増やすべきか

私はこの1015時間に戻す必要はないとそもそも思っています。

私は文部科学省の中ではゆとり教育派であります。先ほど寺脇研という人がゆとり教育のスポークスマンだと言いましたが、私自身も詰込みではなくて、ゆとり教育の方が子どものために良いと考えています。ゆとり教育が子どもの学力を低下させるというのは、私は、俗説だと考えております。授業をたくさんすればするほど学力が上がるというわけではなく、適切な授業時数というのがあります。多ければ多い方が良いというものではないと思っています。

先ほど言った6年生で945時間というのは適切な授業時間だったのではないかと思っています。1015時間というのは、私は増やしすぎだと思っています。

ゆとり教育と国際学力テスト・PISA

今まで、ゆとり教育で一番授業時間が少なかったのがいつかというと、2002年から2012年でした。この10年間、一番授業時間が少なかったのです。

この時期に授業を受けた子どもたちが「ゆとり世代」と言われているわけです。この彼らが、学力が低下したのかというとそうではありません。

彼らが受けた国際学力調査の結果があります。ＯＥＣＤがやっているＰＩＳＡというものです。これは15歳でつまり、義務教育を終わった時に受けるわけです。２０１１年度までの一番授業時間の少なかった義務教育を受けた生徒が２０１２年に受けてくれています。２０１２年のＰＩＳＡの結果というのはものすごく良かったのです。

ＰＩＳＡというのは三つの分野で調査するのですが、数学的リテラシー、科学的リテラシー、読解力と三つの分野があります。この２０１２年度のＰＩＳＡの結果は数学的リテラシーこそ、韓国に次いで2位だったのですが、科学的リテラシーは1位、読解力も1位でした。つまり金・金・銀みたいな素晴らしい成績だったのです。

それが発表されたのは、２０１３年だったのです。私はたまたまその時、文部科学省の初等中等教育局長をやっていまして、誰からもバッシングを受けずに済んだわけです。

たまたま成績の悪い時に局長をやっていますとバッシングを受けちゃうわけですが、私はたまたまいい時に局長をやっていたので、文部科学省は立派に成果を上げたとほめられたのです。

これ、ゆとり教育を見直したおかげだと言われたのですけど、本当はそうじゃないのです。この２０１２年のＰＩＳＡを受けている子どもたちは、一番授業時数の少なかった時のゆとり教育を受けているわけです。

学力低下の真の原因

ですから授業時数を減らしたから学力が低下したという関係にはなっていないんです。少なくともその反証にはなっているわけです。

逆に２０１５年２０１８年と3年に一度ＰＩＳＡはありましたが、そこでは、両年とも読解力の成績は下がっています。数学と理科はずっと上位を保ってますが、読解力は下がっているのです。

読解力が下がっているから政治家が嘘《うそ》ついても嘘だとわからないのではないかと私は思っているのです。

私はこの詰込み教育は止めるべきだと思っています。その詰込みが子どもたちに大きなストレスをまた与えて、おそらく今年はこのままいくとものすごく不登校が増えるだろうと思います。

先ほど２０１９年度に18万人台と申し上げましたが、２０２０年度の数字というのが来年わかるでしょうが、20万人超えるんじゃないかなと、いう気がします。

感染防止のためにできること

そういう子どもたちのストレスになっているのが感染拡大防止という理由でいろいろと行動が制約されていることです。子どもたちは群れて、じゃれて遊ぶというのは当然のことなのです。これは平安時代から「遊びをせむとや生まれけん」と歌があるくらいです。「たはむれせむとや生まれけん」と。子どもはとにかく群れて遊ぶのは当然なのです。それを「ソーシャル・ディスタンシング」とか言っても無理は無理なんですね。

私は介護施設や保育施設同様に、学校は接触の避けられない場所だと考えています。そのうえで学校の感染防止対策を取るべきだと思っています。やはりやるべきことの一つは学校そのものは密にならないように、とりあえず小規模校の統合はしばらく控えることです。統合すると密になりますから。あるいは少人数学級をできるところから始めていく。

少人数学級の実施

少人数学級、ちょうど今、文部科学省と財務省が予算折衝中ですけど、なんとか文部科学省に頑張ってほしいと思いますけど。できるところから少人数学級をやっていく。

これ実は授業時数を減らすことによって学級の規模を下げることはできるのです。極端なケースを申し上げれば、授業時数を半分にすると3時間と3時間にして一部授業二部授業に分けられてしまう。そうすると一つのクラスを二つに分けて一人の先生が6時間いるけれども、Aグループは1時間目から3時間目、Bグループは4時間目から6時間目として、授業時数を半分にすれば子ども数を半分にして授業ができます。

これは極端な説明ですけど、授業時数を減らすことによってクラスサイズを小さくしていくということは実は可能なんです。先生のワーク量を増やさずに少人数にしていく。できるところから少人数学級にしていくということが、私は必要だと思っています。

ＰＣＲ検査

もう一つちゃんとやるべきことは、やはりＰＣＲ検査です。これは教育や社会福祉の仕事で人間と人間の接触が避けられない職場においては、その施設内職場内のクラスター、感染拡大を極力防止するために、そこで働く人たちの検査を定期的にやっていくことです。つまり、社会的検査と言われるものをやっていくことで、私はこれ以外ないのではないかと思います。

私は、東京の世田谷区というところに住んでいますけれど、世田谷区の区長さんは保坂さんという方で、この社会的検査を区の責任でやろうとしているわけです。ただなかなかうまくいってないようで、厚生労働省がプール方式の検査を認めないのです。

プール方式というのは、たとえば検体を4人分を一つにまとめて検査します。全員が陰性ならば必ず陰性になるわけです。その4人の中に1人でも陽性がいれば、この中の誰かが陽性であることがわかるので、その4人に対してもう一度検査をするのです。

ほとんどのケースは陰性です。今のところ98％とかの人が陰性です。ですから、陽性者を割り出すという方法として最も効率的で、効果的な方法です。しかし、これをやっちゃいかんと厚労省は言うわけです。それで困っているという状況があるわけです。

こういうＰＣＲ検査をできるだけ広げていくことで学校をできるだけ安全な場所にするという、そして子どもたちはできるだけ普通に学校で学べるということにしていくというのが、必要ではないかと思います。

経済的理由による教育格差

学校の話はこれくらいにしようと思います。つぎに経済的理由による教育機会の格差の拡大。これが今ものすごく広がっています。

これはひとり親世帯の子どもたちに、新型コロナウイルスによる経済の停滞というものが直撃していると思います。非正規労働の人たちがこの新型コロナウイルスの感染拡大によって職が奪われています。

本当に明日食べるお米もないというような家庭も増えています。言うまでもなく女性の貧困の深刻化です。それが母子家庭の貧困ということに繋がっていくのです。

この状況はとにかく一刻を争います。生きていくことができなくなるのです。こういうところにこそ、真っ先に予算を付けるべきだと思います。

明日自殺しようかと考えている人たちにとにかく生きるためのお金を渡す手立て、これが私は何よりも最優先だと思います。

そういったものを優先せずに、旅行業者とかＷＥＢサイトが儲《もう》かるような政策をやっているわけです。ＧＯＴＯキャンペーンというのは、私は優先順位を間違っていると思います。

高等教育の機会保障

あと高等教育機関に通っている子どもたち、大学や専門学校に通っている人たちにも影響が及んできています。

アルバイトが無くなり、そのために学費が足りなくなって中退せざるをえないという状況が増えてくると思います。それから高校生の中にも進学を諦めるというケースが出てきています。

本来経済的な理由で進学を諦めるということはあってはいけないことです。それが現実に広がってきているのです。

やはり日本国憲法の理念が実現されていないということが、より拡大された形で明らかになっているのです。進学機会の不平等というのは本来あってはならないのです。

教育の機会均等

教育の機会均等という言葉がございます。これは憲法の大原則です。これは憲法26条に出てくるわけですけれど、「すべて国民は、法律の定めるところにより、その能力に応じて、ひとしく教育を受ける権利を有する」。「ひとしく」というのはこれひらがな四文字なんですけど、非常に大事な言葉でこれは教育上の差別を禁止するということです。

つまりこの「ひとしく」という言葉の意味は、教育基本法の4条を読むとより具体的にわかります。教育基本法の4条に次のように書いてあります。

「すべて国民は、ひとしく、その能力に応じた教育を受ける機会を与えられなければならず、人種、信条、性別、社会的身分、経済的地位又は門地によって、教育上差別されない」

教育上の差別禁止規定です。「人種、信条、性別、社会的身分、経済的地位又は門地によって」差別されないと書いてあります。

これによく似た文言は憲法14条に出てきます。平等権規定です。

「すべて国民は、法の下に平等であって、人種、信条、性別、社会的身分又は門地により、政治的、経済的又は社会的関係において、差別されない」

差別禁止規定です。ここで「人種、信条、性別、社会的身分又は門地」という言葉が出てきます。教育基本法の4条にも出てきます。でも教育基本法にはもう一つ別の言葉が加えられているわけです。その言葉は「経済的地位」という言葉です。

憲法の認める貧富の差

この「経済的地位」という言葉は憲法14条には出てきません。教育の機会均等の方には「経済的地位による差別禁止」が出てきます。憲法は「健康で文化的な最低限度の生活」これは保障する。これは25条ですね。この「健康で文化的な最低限度の生活」これが保障されていないという現実の問題はあるわけです。しかし、それが保障されたうえであれば、それを上回る生活というのは、お金持ちはお金持ち、お金持ちだから贅沢に暮らしてもかまいませんよというわけです。お金持ちでない人はそれなりに暮らせばいいですよと。

つまり日本国憲法は、貧富の差は認めているのです。「健康で文化的な最低限度の生活」が保障されているのであれば貧富の差はあっていいのだと。これは自由主義社会だからです。たくさん稼いで贅沢な暮らしをする。毎日ステーキやウナギ食べてもかまいません。高級外車や高級ヨットを乗り回してもかまいません。それはお金を稼いでいるから。ただし応分負担で税金は取りますからねと。

税金も今の日本の税金はお金持ちに優遇されています。金持ち優遇政策ですよ。お金持ちになればなるほど税率が下がっていくのですから。こんなこと、本当はあってはならないことです。

しかしいずれにしても法の下の平等というのは経済的地位による差別は禁じてはいないのです。

教育における経済的地位による差別禁止

教育においては経済的地位による差別はまかりならんと言っているわけです。これが憲法26条の「ひとしく教育を受ける権利」の「ひとしく」の意味になるわけです。単に「人種、信条、性別、社会的身分又は門地」で差別されないだけではなくて、経済的な状況においても差別されないようにするというのが、国の責任です。これが実現されていません。それが実現されていないということが今は如実に表れているのです。

教育よりも生活の困窮

今申し上げましたように、経済的な理由で進学を諦めるという高校生が出てきているわけです。単に大学にいく、専門学校にいくお金が無いというだけではなくて、本人が稼がないと家族が生きていけないという問題があるわけです。この問題はずっと日本の社会に存在し続けているわけです。

古い時代で言えば戦後間もないころ、新制中学ができた時のものです。新制中学ができたけれど、経済的な理由で中学校に通えない子どもがいたわけです。義務教育は無償なのに経済的理由によって通えないとはどういうことかというと、その子どもたちが稼いでいたからです。

その子どもたちが働いて稼いでいるから家族が食べていける、そういう状況があったために子どもたちが働くのをやめて学校に行くことができなくなった。

そのために新制中学ができても学校にいくことができなかった人たちがたくさんいたわけです。

そういった方々のために夜間中学があるわけですが、夜間中学もまだまだ数が少ない。京都にも、ありますけど、東北や北海道には一つもないです。四国にも九州にもないのです。四国になかったのは獣医学部だけではないのです。むしろ獣医学部を作るのだったら夜間中学を作ってほしいのです。

今申し上げたかったのは、経済的理由で進学を諦めないというのは高等教育含めて経済的な理由で進学を諦めないようにするというのは国の責任です。それが果たされていないということであります。それだけではなくて進学での格差だけでなく、学力の格差がものすごく、経済的理由で格差が出ている。

これがさまざまな教育学者の意見です。家庭の収入と子どもの学力の間に相関関係が明らかになっています。先ほど申し上げたようにコロナ休校で、塾で勉強できた子どもは良かったのですが、もしくは専業主婦のお母さんがいて、つきっきりで見てくれるという子どもは良かったのですが、父子家庭・母子家庭の子どもで、結局学童へいって、あとは一人で暮らすしかないという子どもたちに勉強を見てくれる大人がいないという、確実に学力の格差が生じているわけです。

自由主義と新自由主義の違い

こういう格差社会が広がったのは新自由主義的な社会が広まってしまったからだと思います。新自由主義というのは自由主義とは似ても似つかないものであります。自由主義とは人間は本来自由なのだと。国家によってああせいこうせいと言われないとか、あれをするなこれをするなと言われるということもなく、自分で考えて自分で判断して行動できるということです。自由の本質は自分で考えて、自分で行動できるということです。

自分で考えない人は自ら自由を放棄していると思うのです。本当の意味での自由主義というのは心の自由を大切にするというものです。

ところが新自由主義というのは心の自由は押さえつけてもいいというのです。経済的自由の方を大事にする。経済的活動を大事にすると、強いものはどんどん強くなって弱いものはどんどん弱くなります。そういう弱肉強食を認めてしまうのが新自由主義なのです。強いものと弱いものが競争すれば強いものが勝つに決まっています。そしてどんどん強くなる、ますます強くなる。

新自由主義を掲げる現政権

結局今の政治はこの新自由主義です。とくに今度の菅さんは安倍さんよりもずっと新自由主義的な傾向が強いです。それで、最近ものすごく元気になっている経済学者がいます。竹中平蔵さんという人です。小泉内閣の時にブレーンだったわけですが、安倍内閣でも国家戦略特区諮問委員会の委員なんてやっていましたけど、アベノミクスというのは必ずしも新自由主義的ではなかったのです。

しかし、菅内閣の経済政策はもっとはっきりと新自由主義に舵《かじ》を切っています。中小企業が半分つぶれてもいいと言っているわけですから。

この新自由的な考え方は人を大事にしない。一人ひとりの考え方や命を大事にしない。そういう政策です。

国家主義と教育勅語

もう一つ心配なのは国家主義です。人間よりも国家が大事だというものです。人間は国家のために自己犠牲をすることが美徳だと教え込むのです。こういう道徳教育が復活してきている。これは最終的にどこまでいくかというと教育勅語を復活させるところまでいってしまうと思います。

すでに２０１４年の４月に、当時の下村文部科学大臣が「教育勅語を学校の教材として使うことは差支えない」という答弁をしているわけです。それまでの政府の見解は政府の答弁は「教育勅語は日本の教育の理念をかたるものではない」という、「これは学校の教材として使うことは適切ではない」と言っていたのです。しかし、「学校の教材として使えますよ」と言い始めているのです。

教育勅語の本質と復活

教育勅語の根本にある思想は国体思想です。日本という国は天皇を中心とするもので、言わば万世一系という天皇が治める国だという国家観から始まっています。そういう天皇に対する忠誠心を持つこと、それこそが日本人にとって一番大切な道徳だという、こういう考え方なのです。このような国家道徳、これが復活しかけている。これは非常に危ないことだと思っています。

天皇への敬愛の心情

私自身は天皇に対して敬愛の念を持っています。とくに前の天皇に対してです。しかし、国がそれを国民に押しつけてはいけません。

今は上皇ですが、天皇の時に、慰霊の旅を繰り返されたり、美智子上皇后は、皇后のおりに、現在のあきる野市で発見された、五日市憲法草案について言及されておられます。

この五日市憲法草案は、先に申しましたが、帝国憲法が作られる前の民間の私擬憲法草案の一つで、基本的人権がたくさん盛り込まれていることで有名なのです。その草案にふれて、上皇后は当時、２０１３年ですけどお誕生日のメッセージに、「この草案には教育の自由が書かれていました」と言われたりされています。

教育勅語を復活させたいなんていう人たちが政権を握っている時です。２０１３年ですから、憲法改正するぞと言っている首相がいるのに、わざわざ五日市憲法草案は立派な憲法草案でしたね、なんて言うわけです。

前の天皇と安倍さんはお互いに仲悪かったということを聞きますが、私はそうだと思いますね。

憲法遵守義務

憲法99条の話を先ほどしました。憲法99条は「天皇」から始まっているのです。「天皇又は摂政及び国務大臣、国会議員、裁判官その他の公務員は、この憲法を尊重し擁護する義務を負ふ」と書いてあるのです。天皇から始まっているのです。

天皇はこの日本国憲法をちゃんと遵守するために一生懸命されたのです。人権とか平和とか日本は大事にするのだと。そのあとに国務大臣、国会議員というのが出てくるのですけど、この辺が怪しいわけです。ちゃんと憲法を守ろうとしているのかと。

おわりに

もう時間ですので、終わります。格差社会とか貧困とかいう現実をどうするか、私はやっぱり日本国憲法の論理に立ち返って、この憲法が本当に求めているものは何なのか、と。自由と平等、生存権とか学習権とか、平和、こういったものを憲法は求めているのだと。これを実現するように我々に教えているのだと。もちろん憲法を守るのは国であって、憲法は国民を縛るものではありません。しかし国民がそれを支えていかないとそういう国にならない。憲法12条に「国民の不断の努力によつて、これを保持しなければならない」と書いてあるのです。これが今危なくなっている。

日本学術会議の件にしても簡単に学問の自由を侵害するような政府があるわけですから。ここでこれはいかんぞ、まずいと、「ノー」ということを言わなければなりません。

マルティン・ニーメラーの言葉があります。ニーメラーというのはナチスが台頭して独裁政権を作った時に牧師さんだった人です。ドイツのプロテスタントの牧師さんでした。このマルティン・ニーメラーの言葉というのは「他人事だと思っていると自分のところに来てしまうぞ」という言葉です。以下に掲げます。

ナチスが最初共産主義者を攻撃したとき、私は声をあげなかった。私は共産主義者ではなかったから。社会民主主義者が牢獄に入れられたとき、私は声をあげなかった。私は社会民主主義者ではなかったから。彼らが労働組合員たちを攻撃したとき、私は声をあげなかった。私は労働組合員ではなかったから。彼らがユダヤ人を迫害したとき、私は声をあげなかった。私はユダヤ人ではなかったから。そして、彼らが私を攻撃したとき私のために声をあげる者は、誰一人残っていなかった。

今こういうことになりかけているのではないかと思っています。

やはり日本国憲法です。この73年の歴史を持っている日本国憲法の精神というものをもう一度考え直し、それをどうやって実現するかということを思い直していくことが、今大事だということを再度確認して、私の話として終わらせていただきます。どうもありがとうございました。

資料

近畿同朋運動推進協議会

略年表

2015年8月10日　総局へ本願寺教団として日本政府に対し「安全保障関連法案」への反対声明を出すことを要請

2012年・2013年度第1連区布教研修会差別発言問題について、教団全体の課題として取り組むよう要請

2016年3月7日　近同推『いまこそ同朋運動の真価を！—近畿同朋運動推進協議会創立60周年に寄せて—』の発行

10月31日　標語ポスターの実態調査アンケートの実施（寺院女性研修会）

2017年2月8日　会員研修会にて「部落差別の解消の推進に関する法律」について取りあげる

講題『「部落差別解消推進法」成立をふまえた今後の取り組み』講師　西島藤彦氏（部落解放同盟中央本部書記長）

標語ポスターの実態調査アンケートの実施（会員研修会）

2019年6月24日　第59回総会（一部規約改正）

（1949～2014『同朋運動ブックレット⑨　いまこそ同朋運動の真価を！—近畿同朋運動推進協議会創立60周年に寄せて—』参照）

本願寺教団として日本政府に対し「安全保障関連法案」への反対声明を出されること・2012年・2013年度第1連区布教研修会差別発言問題について、教団全体の課題として取り組みを要請

2015年8月10日
浄土真宗本願寺派総長　石上智康様

近畿同朋運動推進協議会
会長　宇多光誠
副会長　藤本信隆
副会長　徳岡曉尚

要請のこと

私たちは、近畿同朋運動推進協議会（以下、近同推）として、次の2点について総局に要請します。

要請文

浄土真宗本願寺派は、先の太平洋戦争を含む十五年戦争において、国の戦争政策に協力してまいりました。教団の

責任は重くまさしく慚愧の思いであります。戦後七十年間、そうした反省のもとに非戦・平和への活動を、教団上げて取り組んでまいりました。つきましては、ご承知のとおり現在国会において審議されております「安全保障関連法案」は、自衛隊の海外派兵にもつながり、憲法違反であることはもとより、宗祖親鸞聖人やお釈迦様の願いにも明らかに背くものです。本願寺教団として日本国政府に対し「安全保障関連法案」への反対声明を出されることを強く要請します。

つぎに、近同推の運動へのご理解をいただき、宗派としても様々な活動にご協力頂いておりますこと御礼申しあげます。ただ残念なことに私たちの同朋教団の中にまだ差別・被差別から解放されず、差別意識が根強く残っています。さきごろ、第一連区布教使研修会の中で起きた「差別発言」問題について、単に発言者一人の問題または布教使だけの問題として対応解決するのではなく、こうした発言が今なお根絶されない背景や原因を深く掘り下げなければ、再び同様の事象が繰り返されると考えます。ついては、この問題について、教団全体の課題として取り組まれますよう要請致します。

同朋運動を続ける会

略年表

2003年1月21日　設立大会　於 興正会館
　　　6月3日・4日　第1回総会・研修会　於 門徒会館
2004年3月1日　第2回総会・研修会
2005年3月　第3回総会・研修会
2006年9月29日　第4回総会・研修会
　同朋運動輪袈裟・式章　制作／『念仏と解放』3号・4号
2007年6月28日　第5回総会・研修会　『法難800年』
2008年4月7日　第6回総会・研修会　「これからの同朋運動」
　『念仏と解放』5号
2009年1月8日・9日　同朋運動を続ける四者協議会札幌別院差別事件現地研修に参加
　　　4月7日　第7回総会・研修会　「弾圧の現場から」
　　　12月15日　第1回布教大会　・伯水永雄会員　「観見に参加する」
　　　　　　　　　　　　　　　　・芳滝智仁会員　「摂取不捨」
　『念仏と解放』6号
2010年4月7日　第8回総会・研修会　「同朋運動60周年」

２０１１年４月７日　『念仏と解放』７号
２０１２年７月31日　第９回総会・研修会　「差別・被差別からの解放をめざす同朋教団とは」
　『念仏と解放』８号
２０１３年５月15日　第10回総会・研修会　「同朋運動を続けるシステム～現場からの提言をうけて～」
　『念仏と解放』９号
２０１４年７月29日　第11回総会・研修会　「『鶴瓶の家族に乾杯』過去帳開示事件と教団の機構問題」
　安芸教区「過去帳又はこれに類する帳簿の開示問題」に抗議する声明発表
　第12回総会・研修会　「第一連区における布教使発言問題について」
　『念仏と解放』10号
２０１５年７月８日　解釈改憲による「集団的自衛権」容認を批判する声明発表
　第13回総会・研修会　「同対審答申50年とこれからの同朋運動」
　『念仏と解放』11号
２０１６年８月３日　安全保障関連法案への反対声明発表
　第14回総会・研修会　「同朋運動から考える反ヘイトスピーチ」
２０１７年９月13日　第15回総会・研修会　「同朋運動とセクシャル・マイノリティ」
２０１８年９月６日　第16回総会・研修会　「同朋運動から考える子どもの貧困」
　『念仏と解放』12号
２０１９年８月28日　第17回総会・研修会　「なぜ差別するのか、どう向き合うのか～精神科医からの提言～」
２０２０年９月８日　第18回総会

同朋運動を続ける会設立宣言・決議

同朋運動は、差別されることからの解放を求める。その歩みは、親鸞聖人と共にあろうとした人びとの歩みであり、さらに差別することからの解放を求め宗祖の前で慚愧した真摯な念仏者の歩みでもあった。しかしその出発は、多くの誹謗と中傷、さらには巨大な無理解の渦中からの出発でもあったことを忘れてはならない。

その中にあって、差別・被差別からの解放を求めて宗祖と共に歩みを続けようとした人びとの輪は、明らかに広がりを見せはじめた。そしてやがて、この歩みこそ教団再生への歩みであり、同朋教団の顕現だとする多くの念仏者の共感を獲得し、確かな自立と連帯のよろこびを生みだしていった。

しかし今日もなお、差別する事の悲しさ・差別される事の悔しさと痛みを、現実のこととして理解しようとしない人びとがいる。御同朋・御同行の願いと営みを、打算的な効果という枠組みでしか理解できない人びとがいる。そうした人々が、差別・被差別からの解放を求め続ける人びとの叫びと願いに背をむけ、運動を権威的に歪曲し、変質させようとしている。

先人は喝破した。「被差別者は二度殺される。一度目は差別者に、二度目は似非解放主義者に。」と。

私たちは、この教団と社会の現実をふまえ、親鸞聖人と共に歩む念仏者たらんとするものである。その願いに心を樹て、部落差別をはじめとするあらゆる人権侵害に断固たる抗議をなし、差別の現実に深く学びつつ、自立と連帯こそ私たちの同朋運動である事を高く掲げる。そして今、差別・被差別からの解放を求めるわれらの熱き思いを一つにして、親鸞聖人と共に歩む同朋運動を一層推進せんとする。

運動の芽は、こうして新たに芽生えた。

私たちはここに、同朋運動を続ける会の設立を宣言する。

２００３年６月３日

同朋運動を続ける会

決　議

一、私たちは、親鸞聖人と共に歩む自立と連帯の同朋運動を推進し、もって御同朋の願いに応える同朋教団の顕現をめざす。

一、私たちは、部落差別をはじめとするあらゆる人権侵害に対し断固たる抗議をなし、もって真に豊かな尊厳と平等の人間関係を構築する。

一、私たちは、差別の現実から出発し、差別・被差別からの完全解放を求め、もって御同朋の社会の実現をめざす。

右、決議する。

２００３年６月３日

同朋運動を続ける会

安芸教区「過去帳又はこれに類する帳簿の開示問題」に抗議する

『宗報』３月号で、昨年５月、ＮＨＫのＴＶ番組において、安芸教区寺院で過去帳に類する帳簿が開示されるという問題が起こったことが報道された。今回の問題は、「御同朋の社会をめざす」運動（実践運動）を展開する中で同朋運動をどうするかが問われている事件でもあった。

なぜこのような問題が起こったのか。先年、差別法名・過去帳差別記載問題への取り組みの中で、過去帳閲覧がなされ身元調査に利用されている事実が報告され、過去帳等の公的帳簿の取り扱いに対する方策がとられた。しかしながら、この度の事件は、そうした取り組みが風化し、過去帳管理に対する意識も低調化していることが露見した事件である。継続した学びの必要性が問われている。

従来であれば、事件が発生すればそのことが周知され、取り組みについて、随時報告がなされていた。この度は、事件内容とその取り組みと課題があわせて報告された。なぜ、問題発覚の早い時点で情報発信できなかったのか。差別に対する早期の情報発信は、再発防止のためになされるものであるのに、差別を取り上げることは恥ずべきものだとするならば、差別を放置し被差別者を抑え付けることになる。

今日、個人情報の漏洩問題が多発し、現橋下大阪市長の身元調査に関わる部落差別記事事件に見られるように個人のプライバシーが侵害されることが多くなっている。また、そうした現状において、今回のように寺にいけば、個人情報を調べることができるというような放映がなされたことは、寺院・僧侶の信頼を大いに損ない、しかも人権侵害に加担する姿が映しだされたともいえる。身元調査にかかわって、社会的に戸籍の閲覧禁止がすすめられるなかで寺院の過去帳への問い合わせが増えるという社会動向の変化に即して、充分な啓発活動を行ってきたかどうかが問われる事件である。更に、ふつう、過去帳をＴＶに映すなど考えられない事態が起こったことは、メディアの取材に対する、私たちの無防備さが露呈したともいえる。

差別の形態が変化する中で、適切に対応していくためには、差別問題に対する持続した研究と日常の取り組みがひつようである。そうした研究と組織が確保できているかも問われている。

今回の事件の取り組みでは、差別の現実から出発する・被差別者の擁護という同朋運動の推進が求められている。この運動が展開されるためには、窓口はいつも見える形で広く開けている必要がある。そうでないと、教団の社会的責任として、人権擁護という公益性を損なうことになるからである。
以下、三点について、要望する。
一、教団内での差別事件が起こった場合、できるだけ早期の情報提供。
二、過去帳等の公的帳簿に対する取り扱い周知徹底のための持続した研修態勢。
三、差別への取り組みの共有化と適切で迅速な対応が図れる組織の充実。

以上

解釈改憲による「集団的自衛権」容認を批判する声明

新聞等の報道によれば、安倍内閣は7月初めにも〝解釈改憲〟により「集団的自衛権」容認を閣議決定するという。この時機にあたり、私たち「同朋運動を続ける会」は、解釈改憲による「集団的自衛権」の容認をすべきでないと、強く反対の意志を表明する。

さて西本願寺教団は、国策としての侵略戦争に仏教の教えを語って積極的に協力した歴史を持ちます。だからこそ、私たちは問題の解決のために絶対に戦争をしてはならないとの決意をこれまで繰り返し表明してきました。また、あらゆる差別・被差別からの解放をめざす私たち同朋運動を続ける者は、戦争こそ最大の差別であることを肝に銘じて活動してきました。

日本は戦後、「平和憲法」の下、二度と戦争をしないと固く誓い出発しました。そして今日まで、少なくとも自国内で戦争がない平和国家として歩んできました。

現在報道されているように、解釈改憲による「集団的自衛権」についても、歴代の内閣は、「国際法上、当然に集団的自衛権を有しているが、これを行使して、わが国が直接攻撃されていないにもかかわらず他国に加えられた武力攻撃を実力で阻止することは、憲法第九条のもとで許容される実力の行使の範囲を超えるものであり、許されない」としてきました。たとえ、百歩譲って第九条の「戦争放棄」(第一項)、「戦力不保持」(第二項)をどのように解しても、武力行使として許容されるのはぎりぎり「個別的自衛権」までです。

内閣法制局長官も一貫して、「行使が出来ないのは、憲法九条の制約である。わが国は自衛のための必要最低限の武力行使しかできないのであり、集団的自衛権はその枠を超える」(1983年4月、角田内閣法制局長官)とし、憲法上許されないとしてきたのです。いかなる理由による戦争もしてはならないとする憲法九条を、日本は手放すことがなかったために、おおよそ70年近く自衛隊員によって外国人を殺すことはありませんでした。

しかしながらこのたび安倍首相は、国会における答弁で「政府が適切な形で新しい解釈を明らかにすることで(集団的自衛権の行使容認は)可能であり、憲法改正が必要との指摘は当たらない」と発言し、解釈改憲によって「集団的自衛権」の行使容認を進める道に踏み出そうとしています。また、安倍首相は、「集団的自衛権」行使を容認しておくことが抑止力になって地域の安定につながると、強弁しています。しかしそれが軍備増強の競争となり、相互不信と偶発的な衝突の危険性を強めることになることは、言うまでもありません。そうした意味では、「集団的自衛権」の行使容認は、日本が最も進んではならない道です。

ましてや「集団的自衛権」行使という他国の戦争に介入する事態を、一内閣の憲法解釈だけで容認されるなら、人権擁護の憲法の各条文さえ、内閣の〝公共の福祉〟という名目で「解釈改憲」されて人間の尊厳を侵す道筋を開くことにも通じます。

さらに、昨年末の安倍首相の靖国神社参拝、また昨今の「従軍慰安婦」問題に見られる〝歴史認識〟、近時の大臣たちの人権を無視した差別発言に象徴される内閣の目ざすものが、人権が尊重されすべての人々が共に歩む〝御同朋の社会〟でないことは明らかです。

このような事態に際して、平和と差別のない社会を目ざす私たち「同朋運動を続ける会」は、日本政府が行おうとしている「集団的自衛権行使を容認する解釈改憲」に、強く反対することを表明します。

以上

２０１４年６月30日

同朋運動を続ける会

安全保障関連法案に反対する声明

太平洋戦争敗戦70年を迎えようとする今、安倍内閣は集団的自衛権の行使を可能とする安全保障法案を成立させようとなりふり構わない国会運営を行っています。言うまでもなく、そこには70年前、多くの人々を殺戮し、人権を蹂躙した軍国主義と戦争国家に対する反省は全くないだけではなく、それはむしろ軍国主義と戦争国家への反省に立って、互いを尊重し平和に生きていこうという多くの人々の願いによって作られてきた、この70年の歩みを消し去ろうとするものと言っても過言ではありません。

ここにおいて改めて同朋運動を続ける会は安全保障関連法案に反対を表明いたします。

西本願寺教団は、国策としての侵略戦争に仏教の教えを捻じ曲げ、自分たちに都合の良い「仏教」を語って積極的に加担してきた歴史を持っています。だからこそ、私たちは本当の仏教が説く「いのちの尊厳」を受けとめ、同朋運動を推進し、問題の解決のために絶対に戦争をしてはならないとの決意をこれまで繰り返し表明してきました。

また、あらゆる差別・被差別からの解放をめざす私たち同朋運動を続ける者は、戦争こそ最大の差別であることを肝に銘じて活動してきました。

今、この安全保障関連法案に関する政府の動きを鑑みる時、国の最高法規である憲法の趣旨を恣意的に捻じ曲げ、さらにそれを「違憲」と指摘する人々の声を封殺し、さらにその声を「懲らしめる」と弾圧し、一人ひとりの国民の「いのちの尊厳」を無視し、ひたすら「国家」という組織のみを掲げ「国策」という言葉を頻発しているその姿はまさしく、戦前のファシズムを想起させると言わざるをえません。その意味からも、かつて私たちが行ってきた過ちを繰り返さないためにも、この安全保障関連法案を容認することはできません。

私たちの宗祖親鸞聖人は、かつて権力者が恣意的に国法を捻じ曲げ人々の尊厳を蹂躙した時、「主上臣下、法に背き義に違し、忿を成し怨を結ぶ」と、それがいかに仏の願いに反することであるかを仏教徒として敢然と批判されました。宗祖の生き方にまなぶ私たち念仏者は今、「この度の安全保障関連法案は『法に背き義に違し』ている」と抗議し、否決廃案を求めます。

そして同時に本願寺と宗派はその旨を社会的に明らかにすることを求めるものです。

以上

２０１５年７月８日

同朋運動を続ける会第13回総会　参加者一同

北陸同朋運動推進協議会

北陸同朋運動推進協議会結成の呼びかけ

〝北陸に被差別部落はない〟、北陸に蔓延するこの事実に反する声が、どれだけ部落差別に喘ぐ人々の力を奪い、あきらめを強いてきただろう。

宗祖の教えを標榜する者が、宗祖と教えに集う人々の期待をどれだけ裏切ってきたことか。

宗祖没後７５０年を迎え、教団の部落差別の歴史に思いをはせると同時に、被差別者の宗祖への期待に学び、願いに応えていくことが真宗再生への道と信ずる。

教団の同朋運動の火をかき消そうという動きが強まる今こそ、さらなる運動の広まりと深まりを願い、差別・被差別からの解放をめざす全ての人々との連帯を、この北陸から呼びかけ、集おう。

２０１５年7月22日

「平和安全法制」反対の声明の要請

浄土真宗本願寺派総長　石上智康様

北陸同朋運動推進協議会　代表　石川了英

私たち北陸同朋運動推進協議会（以下、北陸同推）は、次のように総局に要請いたします。

要請文

私たち北陸同推は、日本国政府に対して「平和安全法制」反対の声明を出されることを強く要望します。

浄土真宗本願寺派（以下、宗派）は、これまで「基幹運動」を通し、教団の戦争責任への慚愧と非戦平和の取り組みをしてきました。その成果を踏まえ、宗門全体の活動として「御同朋の社会をめざす運動（実践運動）」を進めているはずです。

現在、国会で審議されている安全保障関連法案（平和安全法制）は違憲との指摘が強く出され、国民の理解も十分得られない状況も指摘されています。まさに、言論抑圧の傾向など、安倍内閣の独裁性の問題も見うけられます。

宗派は、１９９５（平成7）年に終戦50周年全戦没者総追悼法要を厳修し、門主御親教、並びに総長の「御親教をいただいて」において、教団が戦争に協力し、同調したことを認めておられます。

また、「『戦後問題』検討委員会答申」においても、苦渋の選択ではなく、国体の護持、侵略戦争を正当化して、宗派が密接に関わった加害者であることは史実の通りであることを示しています。また、その基盤には「真俗二諦」の教旨に基づいて、宗祖の教えを「護国の思想」のように理解させ、国家主義に同調・迎合していった旨が述べられています。

さらに結びには、現実認識を国家にゆだねることなく浄土真宗の立場に基づく社会的課題を明らかにすることの必然性も指摘されています。

本年は戦後70年目を迎えます。これまでの宗派における非戦平和の取り組みを再確認し、黙認・同調されることのないよう重ねて「平和安全法制」反対の声明を出されること要望いたします。

九州・沖縄同朋運動推進協議会

略年表

1998年7月　結成総会（熊本市）「部落差別と沖縄の現在」金城 実

9月　第1回全体協議研修会（本願寺福岡会館）「差別法名～被差別の視点から問い直す～」中村益行

12月　第1回研究集会（熊本教区会館）「ケガレと部落差別」有光顕澄、小武正教

1999年3月　第3回全体協議研修会（沖縄県那覇市）「沖縄～差別の現状と未来～」山内徳信

6月　第2回総会（熊本市）「ハンセン病・宿業・部落差別」林 力

8月　第5回全体協議研修会（別府別院）「大分の部落史に学ぶ～被差別部落の形成と統制、そして解放を求めて～」一法師英昭

9月　交流学習会（本願寺同朋センター）「部落差別と宗教者の役割」西田伊太郎

10月　第2回研究集会（佐賀県武雄市）「差別法・戒名に学ぶ」古賀新一

2000年3月　第7回全体協議研修会（鹿児島県宮之城町太陽福祉センター）「鹿児島の被差別部落に学ぶ」時吉半七、山口武文

7月　第3回総会（熊本市）「部落差別とケガレ～権力と共同体を見すえて～」上杉 聰

8月　第9回全体協議研修会（福岡県）「私の同朋運動のあゆみ」梅永久夫、特別報告：郡島恒昭・藤岡直登

10月　第3回研究集会（北九州市）「炭坑と強制連行」芝竹夫、「解放運動に学びながら」下原忠雄

2001年3月　第11回全体協議研修会（宮崎市）「宮崎県の部落差別の現実と解放への願い」藏坪恵常
　　　　　　第1回研究部会「「忌中」から「還浄」へ～ケガレと差別の問題として～」小武正教
　　6月　第4回総会（熊本教区会館）「部落史研究の軌跡とその問題点～仏教と部落差別・その歴史的関わり～」沖浦和光
　　11月　第4回研究集会（沖縄県那覇市・沖縄愛楽園）「ハンセン病差別と戦争」麻生透、我如古幸一
2002年3月　第14回全体協議研修会（長崎教区会館）「長崎の部落史を訪ねて」阿南重幸
　　6月　第5回総会（北九州市）「親鸞～差別解放の思想と足跡～」武田鏡村
　　11月　第5回研究集会（四日市市別院・浄福寺）「いよいよ大悲・大願はたのもしく候へ」森本覚修、楠哲雄
2003年2月　第17回全体協議研修会（熊本市隣保館）「「人権」を考える～被差別部落の暮らしの中から～」豊田正實
2003年7月　第6回総会（福岡教務所）「二十一世紀の日本はどう生きるべきか～沖縄の視点から～」山内徳信
　　11月　第6回研究集会（佐賀県武雄市）「信心の社会性　横超の大菩提心～教学的視点からの提起～」浅井成海
　　11月　北海道教区差別葉書・差別落書き事件現地学習会（札幌別院・大乗寺）
2004年2月　第20回全体協議研修会（北九州市）「ハンセン病問題から問われている今日的課題」有光顕澄「北海道教区差別葉書・落書き事件現地学習会報告」齊藤真
　　6月　第7回総会（北九州市）「差別事件の渦中にて」打本顕真
　　11月　第7回研究集会（別府市）「沖縄・差別・浄土真宗」北村昌也
2005年3月　第23回全体協議研修会（熊本教区会館、菊池恵楓園）「ハンセン病と浄土真宗」玉光順正

2006年2月　6月　第8回総会（福岡市）「同朋運動がめざすもの」岩本孝樹
11月　第8回研究集会（熊本教区会館）「被差別部落と浄土真宗」山本尚友
2006年2月　特別公開研究会（奄美和光園）「ハンセン病問題フィールドワーク」牧園忠義、石原英一、赤塚興一、薗 博明
3月　第26回全体協議研修会（福岡教区会館、二日市温泉）「松本治一郎と出あって」播磨昭吉
6月　第9回総会（熊本教区会館）「はじめての部落問題」角岡伸彦
10月　第9回研究集会（唐津市）「佐賀の部落差別と仏教」濱本芳継、中村久子
2007年2月　第29回全体協議研修会（福岡市）「部落解放と〝業〟」小森龍邦
7月　第10回総会（四日市別院）「川上信定初代会長並びに物故会員追悼法要」内藤昭文、松嶋智議
10月　第10回研究集会（熊本教区会館）「救済の客体から解放の主体へ～ハンセン病問題から学ぶわたしの課題～」徳田靖之、志村 康、寺本是精、有光顕澄
2008年3月　第32回全体協議研修会（那覇市）「渡嘉敷島からの証言」吉川嘉勝、「教科書問題を取材して」謝花直美、「沖縄の真実をうたう」会沢芳美
7月　11回総会（北九州市）「「同和」教育のあゆみに学ぶ～いま、私たちに問われていること～」外川正明
9月　研究部会（福岡市）「真宗の性差別とジェンダー～坊守の歴史と役割～」松尾（遠藤）一
11月　第11回研究集会（鹿児島市）「志布志事件が問いかけること」武田佐俊、藤山 忠、谷田則雄、懐 俊裕、川畑幸夫
2009年3月　第1回御同朋布教大会（福岡市）「親鸞聖人のご生涯」太田心海、有光顕澄、梅永徹英
7月　第12回総会（熊本教区会館）「僧侶研修会のあゆみに学ぶ～僧侶研修会はなぜ始まり、続けられて

きたのか～」岩本孝樹
11月　第12回研究集会（別府別院）「救済の客体から解放の主体へ」訓覇 浩
2010年1月　第2回御同朋布教大会（唐津市）「親鸞聖人のご生涯」後藤法龍、安田積心、吉弘了暁
3月　研究部会（宮崎教区会館）「法名の本来化と差別法名」小笠原正仁
6月　第13回総会（熊本教区会館）「差別の現実と市民の権利」奥田 均
11月　第13回研究集会（福岡教区会館）「福岡県「差別ハガキ偽造事件」を考える」内田博文、組坂幸喜、有光顕澄
2011年3月　第3回布教大会（鹿児島別院）北村昌也、岡田晃昭
7月　第14回総会（福岡教堂）「被差別部落と西本願寺」遠藤 一
10月　第14回研究集会（熊本教区会館）「沖縄差別～沖縄の基地問題～」上原美智子
2012年2月　第4回布教大会（宮崎別院）岩尾秀紀、村上俊昭
7月　第15回総会（福岡教堂）「部落解放運動と私、そして仏教（浄土真宗）」岡田英治
10月　第15回研究集会（鹿児島別院）「原発～差別を前提として成り立つシステム（仕組み）～」小川美沙子
2013年2月　第5回布教大会（別府別院）素木徹也、吉弘了暁
2013年7月　第16回総会（熊本教区会館）「同朋運動の歴史と課題」神戸 修
2014年2月　第16回研究集会（沖縄県宜野湾市）「沖縄の抵抗を考える」謝花直美、知花昌一
3月　第6回御同朋布教大会（北豊教区真行寺）加藤教行、梅永徹英
7月　第17回総会（熊本教区会館）「大詰めを迎えた川内原発再稼働」向原祥隆
2015年3月　第7回御同朋布教大会（福岡県古賀市鹿部集会所）梅永徹英、木村真昭

7月　第18回総会（福岡県部落解放センター）「同和対策審議会答申50年と同和教育運動に学ぶ」林力
10月　第17回研究集会（鹿児島別院）「鹿児島教区における僧侶研修会の取り組みに学ぶ」藤原 徹、「地名総鑑発覚40年」吉岡正博
2016年3月　熊本教区差別法名問題現地研修会（山都町立隣保館）菊池成明、中村益行、西田武俊
11月　第19回総会＋第17回研究集会（福岡教堂）「ヘイトスピーチとは何か」朴慶秀
2017年3月　第8回御同朋布教大会（佐賀教堂）五十嵐雄道、藤木徳仁
7月　第20回総会（福岡教堂）「センダラ問題について」小森龍邦
9月　第19回研究集会（福岡教堂）「部落差別の現状と課題」福永謙二
2018年3月　第9回御同朋布教大会（沖縄県宗務事務所）北村昌也＋現地研修
7月　第21回総会（熊本教区会館）「武雄の差別戒名をめぐって」中村久子
10月　第20回研究集会（光円寺・福岡市）「部落差別の現状と解放運動」組坂繁之
2019年3月　第10回御同朋布教大会（宮崎別院）吉弘了曉、岩尾秀紀
7月　第22回総会（福岡教堂）「「是旃陀羅」問題について」小武正教
10月　第21回研究集会（福岡教堂）「沖縄の声を聴け！」知花一昌
2020年3月　第11回御同朋布教大会（大分別院）登尾唯信、大在 紀、大原瑞雲（コロナ禍にて開催中止）
12月　同朋運動70周年記念大会に参加

（注）この年表では、全体協議研修会の回数が飛んでいるように見えますが、それは、九州・沖縄同朋運動推進協議会では、総会、研究集会も含めた全ての会（回）に会員が直接、発言できる全体協議の場を設けており、それも含めて全体協議研修会の回数に数えているためです。

結成宣言（呼びかけ趣意書）

九州・沖縄の全念仏者よ、結集せよ。

一切のいのちの尊厳と平等を願いとする、我々、浄土真宗の念仏者は、混迷をきわめる現代社会のただ中にあって、絶対無碍の一道を明らかにすることを使命とするものであります。

そして今日、日本の部落差別をはじめとする人権の問題が、二十一世紀へむかう全人類にとっての重要な課題となり、さらには沖縄や長崎、そして水俣が映しだす諸課題の中から、人類の近代そのものが問いとされる時代を迎えています。

しかるに、その時代の要請にこたえるべき教団の全体情況は、連続する差別事件とその後の糾弾会の取り組みに象徴されるごとく、山積する諸課題を前に、踏み出すべき一歩についての共通理解すら明確にしえない隘路の中にあります。

そこに、それぞれの地域の事実に徹底的に根ざし、そのことをこそ浄土真宗の課題として明らかにしていく、新たな同朋運動の確かな歩みの始まりが求められる所以があります。まさに、親鸞聖人が示された「世をいとふしるし」を現代に問い、さらにその意味を鮮明にすべき時を迎えているのです。

事実の中から問い、み教えの学びを深め、ともに連帯していく、その新たな同朋運動の明確な一歩を、九州・沖縄から提起せんとする。そのことこそ、我々が今、九州・沖縄において同朋運動推進協議会を結成せんとする趣意であります。

九州・沖縄のすべての浄土真宗念仏者に、意を熱くして呼びかけ、ここに九州・沖縄同朋運動推進協議会の結成を宣言します。

１９９８年７月２日

九州・沖縄同朋運動推進協議会結成式参加者一同

非戦平和宣言

私たちは、
釈尊があきらかにされた仏教を、
現代に浄土真宗として受け継ぎ生きる念仏者として、
これまでの人類がくりかえしてきた幾多の戦争への深い悲しみと、
その戦争に積極的に協力した歴史をもつ
私たちの教団への痛切な慚愧の思いに立ち、
世界中の平和を願うすべての人々と共に、
平和への願いにそむくあらゆるあり方、
なかんずく、戦争を問題解決の手段とし、
あるいはそれを支持するあり方に対し、
強い抗議の意思を表明し、
釈尊が示された「兵戈無用」、非戦平和への道を歩み続けることを誓い、
ここに宣言します。

２００３年３月18日

九州・沖縄同朋運動推進協議会

結成への経緯とその意義

現在の同朋運動の端緒は、１９４９年の和歌山教区同朋会発足を始源として、１９５０年の浄土真宗本願寺派同朋会（本部同朋会）の発足にある。

そこには、それまでの一如会運動に象徴される教団内の融和主義に決別して、差別・被差別の現実から出発するという強い意志があった。それはしだいに各教区における同朋会支部の設立運動へと展開し、やがて同朋運動の全教団化をめざす運動として明確な方向を持つようになる。１９６３年に開館した同和教育センター（現、西本願寺同朋センター）の取り組みも、運動推進のための大きな力となっている。

その運動がようやく実を結び、１９７１年、同朋運動本部が設置され、浄土真宗本願寺派においてはじめて同朋運動が教団の組織の中核として位置づけられたのである。憶えば、「人の世に熱あれ、人間に光あれ」と被差別の現実から出発して高らかなる人間宣言を謳った水平社創立（１９２２）から49年、太政官布告による「解放令」（１８７２）からは、なんと99年の歴史を経てのことである。

その運動は、１９７３年に発足した近畿同朋運動推進協議会にも受け継がれた。そこでは、近畿各教区における同朋運動推進のための強力な連携がはかられるとともに、教団とのいい意味での緊張関係を保ちながら、同朋運動全体の推進に寄与する動きにまで発展した。さらには個々の連帯として、１９９６年に「同朋運助を推進する会」が、それまでの「同朋運動を考える会」を発展的に改組して発会し、全国的な広がりの中で運動の更なる推進と深まりに向け、その先進的な取り組みが強化されている。

◇

九州においても、そうした教区同朋会運動並びに本部同朋会の設置に触発され、１９５４年に福岡、１９５８年に北豊、1964年には熊本において、各教区同朋会支部が結成されている。

◇

今日、同朋教団を標榜する私たちの教団では、基幹運動とりわけ同朋運動推進の真価が厳しく問われている。特に、1993年5月の東海教区住職による門徒宅報恩講の席での差別発言に端を発した、いわゆる浄土真宗本願寺派における連続差別事件は、安芸・備後教区における過去帳差別添え書き事件から問われた3つの課題を学び、真に同朋教団へと回帰せんとする基幹運動推進僧侶研修会が全国の教区で持たれている最中で引き起こされた事件である。

私たちは、こうした一連の確信的に行われた差別事件を目前にして、言葉を超えた言いようのない戦慄をおぼえる。

ここ九州においても、佐賀・熊本などにおける差別法名・墓石問題がある。さらに近年、第5ブロック布教団研修会の席で、人間の尊厳を軽視する不謹慎な発言が繰り返されるという事件も起きている。いよいよ行政や教区の枠組みを超えて、広範にかつ強力に同朋教団を願う人々が個々に連帯しなければならない時が到来していることを痛感せざるをえない。

◇

さらに、教団の連続差別事件を契機として、1995年度から各教区において「点検糾弾会」が部落解放同盟との間で持たれてきた。その場において、ある教区では「運動が中央だけ、また役員(一部の人間)だけになっているのは何故か」、「門徒に対して、部落差別を始めとする人権問題が話せないのはなぜか」、「教団の差別事件が他人事に終わっていないか」などが糾されたのである。

一方、安芸・備後教区と解放同盟広島県連との、いわゆる〝同朋三者懇話会〟においては、信心の社会性として以下の4点が問われている。

(ア)「信心」と「社会」とを分離し、人々の苦悩に立ち向かおうとしない「信心」の味わい方、受け止め方の見直し。

(イ)「信心」を「単なる心の持ちよう」にしたり、自分一人の問題にしてきたことへの反省。

（ウ）「なぜ念仏者を名告る僧侶が、同朋教団を標榜する教団が、現実には全くその教えに背く姿をさらけ出すのか。」

（エ）「宗祖は、時の権力者にさえ左右されず、真実を求めて生きられたはずなのに、なぜ僧侶は宗祖の生き方に反して差別しているのですか。」

こうした、運動を進めていく上で極めて重要な問題が、単なる学習課題などとして対象化されたり、観念の遊戯に終始するというようなことになってはならない。差別・被差別の現実を出発点として、まさに親鸞聖人が示された「われら」一人ひとりの信心の課題として、真摯な論議の中でていねいに深められていくことが求められている。

◇

1997年4月1日、教区に準じるという位置づけの中で、沖縄の第5連区への参加が決まった。

沖縄は、尚泰久《ショウタイキュウ》王時代（1458）に日本で鋳造された首里城正殿の鐘の銘文に刻まれているように、船と舵をもって中国をはじめとする大陸や東南アジアの国々と日本とを結び、互いに寄り添い助けあおうと、あらゆる国々の架け橋となっていた。しかし、その独立王国としての平和で美しい珊瑚の島は、1609年の薩摩藩侵略により過酷な差別と搾取とのただ中におかれ、1879年には明治政府による琉球処分を受け、徹底した皇民化教育を強制されることとなった。その後、アジア太平洋戦争での悲惨な体験に続いて、敗戦後の屈辱的な米軍統治、そして1972年5月の日本復帰と、その歴史は文字どおり波瀾に満ちたものであった。

唯一の地上戦が行われた沖縄戦では、「天皇の軍隊」による惨殺もふくめ、20万人を越える多くの犠牲者を出した。この「捨て石作戦」と呼ばれる歴史の悲劇は、軍隊は決して民衆を護らないことを白日のもとに晒した。さらに、本土復帰に際しての「核抜き本土並み」という沖縄県民の悲願も、日本全国土の0・6％にすぎない県土に日本駐留米軍の75％が集中するという中、今なおその実現は遠のくばかりである。戦後日本はかくして、再び沖縄を「捨て石」にして、今日におよぶ経済発展をとげたのである。

こうした沖縄へのあまりにも過重な負担押しつけの背景には、「大和民族」主義を根底とした沖縄に対する差別意識に基づく棄民化政策があると言わざるをえない。

◇

私たちが今日、九州・沖縄において立ち上がり広く連帯を呼びかけんとする「九州・沖縄同朋運動推進協議会」の結成は、「同和問題審議会答申」（1965）に「日本社会の展史的発展の過程において形成された身分階層構造に基づく差別により、日本国民の一部の集団が経済的・社会的・文化的に低位の状態におかれ、現代社会においても、なおいちじるしく基本的人権を侵害され、とくに、近代社会の原理として何人にも保障されている市民的権利と自由を完全に保障されていないという、もっとも深刻にして重大な社会問題である」とされる、部落差別の問題に正面から向き合うことを原点として、戦争は最大の人権侵害であると訴える沖縄や長崎、そして水俣をはじめとする地域のさまざまな差別問題への取り組みに連帯し、その課題を共に担わんとする決意の表明に他ならない。

九州・沖縄という広がりをもつ同朋運動推進のための場づくりへの期待は、九州・沖縄と近畿や全国の念仏者の出会いの中で、ずいぶん以前から語られ続けてきていた。さらに、1995年には中央基幹運動推進委員会においても、そうした動きに期待する提言がなされ、多くの賛同の声が確認されている。まさにそうした世論の高まりの中に、機が熟するごとくにして、あるいは満を持してと言うべきであろうか、九州・沖縄における同朋運動の推進と深まりを願いとする念仏者が、一人ひとりの思いのところから声をかけ合い響きあう中に、この度の九州・沖縄同朋運動推進協議会結成への動きは始まったのである。

1997年10月24日、先ず小さな集いがもたれ、「九州・沖縄同朋運動推進協議会（仮称）準備会」（代表：梅永久夫・川上信定）が発足した。その後、同年12月17日、翌1998年3月5日、5月1日に準備会の全体会がもたれ、その間にも作業部会としての小委員会が、1月6日、1月30日、4月11日、6月20日に開催され、九州・沖縄同朋運動推進協議会結成へ向けての準備が進められた。

そこでは、同朋運動の推進と深まりを大前提として、参加の意志のあるすべての個人に自由な論議の場と情報の公開を保証していくこともめざしている。そうした運動を、一人ひとりのところからていねいに積み上げていくことこそ、現在、教団の組織において進められている基幹運動とも必ずや呼応しあって、反差別の教学・〝解放の真宗〟の形成に向けても、また、親鸞聖人が示された「いし・かわら・つぶてのごとくなるわれらなり」を基点とする同朋運動の推進と深まりのためにも、必ずや寄与するものとなることと確信する。私たちは、ここにこそ今、九州・沖縄同朋運動推進協議会結成への意義を確認したい。

（結成総会資料1998年7月2日）

東日本同朋運動推進協議会

２００９年10月５日　設立準備会／長野
11月11日　設立総会／松本治一郎記念館
七者協現地研修会／長野／和歌山／東京／新潟／沖縄／大阪／長崎
部落解放研究集会（都県・東日本・全国）　ハンセン病市民学会
参加　調査・研究等

「東日本同朋運動推進協議会」（東同推）発足にあたって

前文

われわれ念仏者およびわれわれの真宗教団は、他の痛みを自らの痛みとし、あらゆる苦悩から人間を解放し、真の幸福を実現せしめ、各々のいのちを全うすることを願いとしている。しかし、差別の現実に学ぶとき、われわれは加害者、差別者であるという深き反省のうえに立ち、教えの根源にたちかえり、部落問題解決への取り組みなくしては、もはや念仏者たりえないことを厳粛な事実として深く認識し、東日本の同じ志を持つ念仏者と共に「同朋運動」の実践と連帯をめざし、結集するものである。

われわれは、親鸞聖人の精神の回復をもって、部落差別を中心に差別・被差別からの解放をめざす念仏者、真宗教団たらんとする決意と、改めてその姿勢を律しつつ、ここに『東日本同朋運動推進協議会』を発足することを宣言する。

「東日本同朋運動推進協議会」（東同推）発足にあたって

東日本同朋運動推進協議会
理事長　藤澤正徳
（東京教区南組光教寺）

「罪の有無、老若いずれを問わず、われわれ全員が過去を引き受けねばなりません。
……過去に目を閉ざす者は結局のところ現在にも目を閉ざすこととなります。」
（1985年5月8日・ヴァイツゼッカー大統領演説）

２００7年に親鸞聖人流罪８００年を経過し、２０１1年には親鸞聖人７５０回大法会を迎えようとしています。そこで、これまでの教団の長い歴史を、同朋運動の視点から、今、私たちが歩んできた取り組みを振り返って見たいと思います。

１９９２年には、同朋三者懇の学びから明らかになった三つの課題（①真俗二諦②業・宿業③信心の社会性）に基づく話し合い法座が、全教区同じテキスト同じ内容で取り組むといったこれまでにはない、画期的な僧侶研修会が開催されました。このような研修会が開催されるようになった一方、この間教団がこれまで経験したことのない賤称語を用いた連続差別事件が惹起いたしました。画期的研修会が開催されている最中でのことでした。

このことは、
①基幹運動が宗派中央だけの運動になっていないか。
②教区においても一部の人の運動でおわっていないか。
③教団内の差別事件を教団の差別体質の表れと受け止めているか。
④これらの一連の差別事件を通して今後どのようにその体質を克服していくか。
⑤教区、それぞれがどのような方途を具体的に実践しようとしているのか
⑥僧侶一人ひとりがどのように受けとめどのように学んでいくか。
と、ひとりひとりの教団僧侶の姿勢や態度が真摯に問われ、具体的に次なる内容で全教区での点検糾弾会が開催されました。
1．連続差別事件の原因の分析
2．各教区の研修状況の報告を行い、参加状況、研修内容を点検総括し、問題点と課題を明らかにしていく。
3．封建遺制の教団における問題点等について
(イ) 信心の社会性を明確にする
(ロ) 反差別の教学とは何かを明らかにする。
(ハ) その他として……僧侶の体質について・寺檀（格）制度について・法要儀式と法話について・教区同朋運動の現状と問題点
4．差別法名・過去帳の調査結果の確認報告をすると共にその存在有無等について点検する。
この全教区で提出された回答書では、信心の社会性については、大方次なる点が明示されていることが特徴的であった。

①差別・被差別をはじめとする社会の現実を直視し、その事実を社会に生きる自らの課題として生涯を生きること。

②信心と社会を分離してしまい、社会の諸問題に目を向けず、社会の現実や人々の苦悩に立ち向かおうとしない信心の味わい方、受け止め方の見直し。

③社会を無批判に肯定していく教学。そして現実に関わらない信心は当然死後の教済のみに限定されてゆく。このような親鸞聖人のみ教えから変質してしまった教学を本願寺の歴史と差別の現実から問い正してゆくことが信心の社会性の意義であり問いかけなのです。

④西光万吉さんは水平運動の中から70年以上も前からそれを指摘しています。「社会改造の基調を卑しむことは人間生活の半分を卑しむことだ」と、信心と社会の一体性を主張……問題は、そのような指摘を受けた教団がその後、長い間、その重要性を認識しえなかったことです。それが今日信心の社会性を問われる結果を招いているといえます。

⑤「信心は個人の心の問題であり、社会の問題とは別である。」といい、信心と社会を分離し、社会の問題には目を向けず、現実の差別を放置してきたことの反省より生まれた課題。

⑥歴史や社会の現実を問題にしない教学こそ、教学の純粋性があるとしてきた従来の封建教学は、結果的に差別を温存助長してきました。

⑦現実の差別を担いその解放をめざして、人々の痛み・苦しみを共感しながら、教えに問い、聞き学んでいくことが必要であります。

その上で、上記の視座に立ち、教団の責任を果たす上で、過去帳調査が実施され、調査に学ぶ研修会がもたれました。その後、職制変更並びに運動に対する諸問題が興り、このような対社会に約束した課題が教団全体として全く不十分であり、約束が履行されていません。

私たちは、これらの問われた課題を着々と取り組んでいきたいと考えております。

過去帳調査に学ぶ研修会実施以降、九州沖縄では、「九州・沖縄同朋運動推進協議会」が個人を中心として教区を越えて立ち上げられ、現在活発な活動が展開されてきています。

私たち東日本区域〔北海道・東北・東京・新潟・国府・長野〕各教区でも、これまでの近畿同朋運動推進協議会や九州・沖縄同朋運動推進協議会、財団法人同和教育振興会、本願寺同朋センター、同朋運動を続ける会に倣い、個人を中心とした同じ志をもつ者が力を合わせ連帯し、同朋運動推進に邁進したいと「東日本同朋運動推進協議会」を発足することとなりました。

今後、東日本区域（18都道県）県単位の会員を募り「東同推」の充実を図り、また、ひろく全国の賛同する団体、個人の会員を募集いたします。

中四国同朋運動推進協議会

略年表

2012年　準備委員会　約1年かけて、各教区の意見を調整しながら準備を進めた。

2013年3月7日　設立総会（本願寺広島別院 共命ホール）「差別をなくす社会システムを創るために～部落差別の現状をふまえて～」北口末広

9月5日　研修交流会（本願寺広島別院）「私のなかま達」寺尾文尚

2014年4月25日　第2回総会と研修会（本願寺広島別院）「同朋運動……これからの方向性」岩本孝樹

9月9日　研修交流会（本願寺山口別院）「山口県 部落解放の歩みと僧侶たち」髙林公男

2015年4月25日　第3回総会と研修会（本願寺広島別院）「平和と反差別」をテーマとした法話会

「親鸞思想に魅せられて～本願寺教団への提言～」小森龍邦

9月10日　研修交流会（君田「いずみ館」）①西蓮寺の身分差別への戦いに学ぶ、②西連寺廃寺と被差別部落門徒受け入れと現在、③西連寺フィールド・ワーク　藤原有和、西塔洸治

2016年4月21日　第4回総会と研修会（本願寺広島別院）「新潟県の部落問題」麻田秀潤

9月8日　研修交流会（本願寺山陰教堂）「「集団化というメカニズム」～この国の排外主義をめぐって～」

森　達也

2017年4月25日　第5回総会と研修会（本願寺広島別院）「今、沖縄から問われていること」城間和行

研修交流会　教区毎の開催に変更

④安芸教区12月26日「過去帳開示問題の経過と教団の部落差別の歴史等」
③備後教区12月22日「連研推進の立場から」「在日朝鮮人（高校生）の本名宣言を機縁とした取り組み」
②山陰教区12月11日「被差別部落の現地に学ぶ～フィールド・ワークとお話～」山下真澄
①山口教区10月27日「同朋運動の歴史と課題」斎藤真、「部落差別解消推進法に学ぶ」川口泰司
「民族差別について考える」韓国・在日の学生たちとの出会い」吉川徹忍

2018年4月24日　第6回総会と研修会（本願寺広島別院）「これまでの同朋運動、これからの同朋運動」武田達城
3月16日「LGBTに学ぶ～性の多様性の理解に向けて～」川口和也

研修交流会
①山口教区10月29日「部落差別に果たした真宗僧侶の役割～差別的役割と解放の為の役割～」岩本孝樹
②山陰教区3月12日「部落差別の現実と仏教・浄土真宗～被差別者の願いは届くのか～」岡田英治
③備後教区1月21日「差別法名の具体的事例を通して～私自身の課題として考える～」山崎大雄、太田明夫
④安芸教区3月8日「被差別部落の現実～善道キクヨさんの帰国を通して～」稲田京子
「寝た子はネットに起こされる!?～ネット社会と部落差別の現実～」川口泰司

2019年4月19日　第7回総会と研修会（本願寺広島別院）「み教えと差別の現実について」神戸修

研修交流会
①安芸・備後教区合同研修会2月25日「誇りをもって生きる」宮内礼治
②山口教区10月31日「観経・梅陀羅問題をめぐって～僧研資料「み教えと差別の現実をめぐって」」神戸修
「寺院と個人情報保護」藤井聡之（中四国同推 代表）

2020年　第8回総会と研修会（研修会は中止）第8回　総会：書面にて

研修交流会
①安芸・備後教区合同研修会3月10日　「戦後75年、聞こえていますか?～原爆小頭症～」平野直政
②山口教区12月7日　「観経・梅陀羅問題をめぐって」小武正教、「障がい者差別と私たち」寺尾文尚

呼びかけ文

2013（平成25）年1月16日
中四国地区の本願寺派寺院の皆様（僧侶・門徒）へ
中四国同推設立　呼びかけ人　一同

私たちは同朋運動を推進させたいと思います。
中四国地区に　同朋運動の学習と実践をする組織をつくりましょう。

中四国 同朋運動推進協議会（趣意書）

謹啓　皆様には慈光照護のもと、お念仏相続のこととお慶び申し上げます。
まず、唐突にご案内を申しあげます非礼をご容赦願いたいと存じます。

実は、2~3年前から同朋運動について『学習と連帯の場』となるような組織を、すでに活動している近畿、九州・沖縄などの地区に引き続いて、中四国地区にもつくろうという意見がございましたが、なかなか話が実現の方向に向かわずじまいの状態が続いておりました。

やっと今年度になりまして有志が集い、仲間を募りました結果、各教区の呼びかけ人を核として、中四国の全ての浄土真宗寺院の皆様（僧侶・門徒）に対して、中四国同推への参加を呼びかけさせていただくところまで、たどり着くことができました。そうした準備段階において、有志の中で話題となりましたのは、

■最近の教団状況により「過去帳差別記載問題」を全く知らない住職・坊守の方も現におられる。

■表現者として公的な場で発言することの多い僧侶にとって、ネット社会の到来は、その発言によって思いもよらぬ事態を引き起こすことも充分に考えられる。

などという意見でした。

よって、今日的な状況も念頭に置きながら、中四国同推の有り方を協議した結果、肝心な設立の目的は、勿論同朋運動推進なのですが、具体的な事業内容の概略でも皆様に早くお示しした方がより深いご理解をいただけ、地道な活動推進にもなるのではないかということになりました。

そこで、事業内容については多岐にわたってご意見があろうかと存じますが、まずは、お互いに基本的な学びを織り交ぜながら、同朋運動に対する理解を深めていきたい所存です。

つきましては、以下の通り、当面の事業（講演会・研究発表・事例報告・フィールドワークなど）の骨格を、次の5点に集約（正式には設立総会決議必要）したところです。

共通テーマ「御同朋の社会をめざして」

1、教学的な課題について　2、布教上の課題について　3、寺院活動の課題について　4、差別の現実について

5、基礎的知識の習得

それぞれの寺院におかれましては、状況やおかれた環境も様々で、同朋運動につきましても多種多様なご意見があろうかと存じます。

しかし、宗祖の同朋精神の大切さについては共通項でありましょう。私たち呼びかけ人一同、中四国の浄土真宗の皆様（僧侶・門徒）に対し、〝ゆるやかな連帯〟と〝研鑽の継続〟を図るため、同朋運動推進協議会の設立に、ぜひご参加くださいますよう呼びかけさせていただくものであります。

ぜひご一緒に学ばさせていただきましょう。

一般財団法人同和教育振興会

略年表

1960年2月2日　本部同朋会で「同和問題を広く社会に推し進め、また同和運動の画期的飛躍を目指すための同和教育会館（仮称）の設置」を決議

1961年9月18日　文部省が財団法人同和教育振興会の設立を許可。「この（同和）問題解決には物心両面の生活条件を整えることを必要とするが、わけても啓発によって国民全体が共同の責任をもつものであり、国民が皆の問題として取り上げるまでにもってゆかなければならないことであると共に、地域住民の自発的向上意欲を盛り立てることが必須の条件となっている」（『設立趣意書』から）

1962年2月7日　財団登記完了

1963年7月27日　同和教育センター開館

1966年　「同和教育の歴史とその将来」藤範あきら

1967年　「わかりやすい同朋運動」田中正月

1968年　「全国同和地区宗教事情調査報告」

2月9日　「同和地区における社会調査報告（近畿地方の部）」、「同（九州地方の部）1969」（調査は1966年11月より）

1970年　「大学生の同和問題に関するアンケート結果報告」

1975年　『同和教育論究』第1号発刊

1980年　「隠れ念仏調査」（熊本）、『事務局だより』発刊開始。

１９８４年　「差別墓石調査」（長野）

１９８５年　『同和教育センターだより』発刊開始

１９８６年11月28日　同和教育振興会25周年大会。「部落解放の実現のために、差別・被差別から解放され、人間が人間として共に生きていける社会の実現を目指して一層活動を深化前進させていかねばなりません」（「事業趣旨」）。長島愛生園真宗同崩会藤井善氏より「S布教使問題」提起

１９８７年５月　基幹運動本部と布教団連合総団長に対し、「S布教使問題」の「申し入れ書」提出し同年６月開催の第５回全国布教使大会で問題提起

１９８８年４月　「設立趣意書」改定「親鸞聖人の平等精神に基づき、同和問題に関する研究調査を行い、あわせて同和教育の振興をはかり、もって同和問題の解決に寄与する」（改定「設立趣意書」）

１９９１年　「親鸞様と歩む道」シリーズ発刊開始（２００２年まで継続）

１９９５年　「ハンセン病差別と浄土真宗」

１９９６年３月　同和教育センター本願寺門前に新築（「本願寺同朋センター」と改称）。記念法要

１９９９年　『同朋運動ブックレット』発刊開始（現在まで８冊）

２０００年11月　同朋運動50周年記念大会

２００１年12月　同和教育振興会設立40周年記念法要。「御同朋の教学」シリーズ発刊開始（現在まで５冊）

２００５年　『念仏との出遇い　ハンセン病国立療養所入所者の証言①〜④』

２０１０年３月　本願寺同朋センター現在の地に移転。同朋運動60周年記念大会。

２０１１年　同和教育振興会50周年。「部落差別への怒りと人間の尊厳回復の願いからはじまったわれわれ、同和教育振興会の同朋運動は50年の中で多くの成果を得た。しかし今なお御同朋たる被差別者の悲しみが聞こえる現実がある限りこの運動を止めることは決してできない」（「大会宣言」）

同朋運動を続ける七者協議会

略年表

2008年　近同推、同和教育振興会、九沖同推、同朋運動を続ける会で同朋運動を続ける四者協議会結成
2009年1月8日・9日　札幌別院差別事件現地研修
2009年　東日本同朋運動推進協議会参加
2011年12月　同朋運動60周年記念大会
2012年　北陸同朋運動推進協議会参加
2013年　中四国同朋運動推進協議会参加
2015年10月28日・29日　長野現地研修（長野県被差別部落の現状、「寺中」差別の実態に学ぶ、松代大本営跡、差別墓石に学ぶ）
2016年11月29日・30日　岡山現地研修（長島愛生園、渋染一揆）
2017年11月28日・29日　大阪現地研修（ミートセンター、住吉区フィールドワーク）
2018年　世界人権宣言70年を迎えて共同声明
2019年1月30日・31日　沖縄現地研修「沖縄に学ぶ」
11月29日・30日　長崎現地研修「長崎に学ぶ～長崎の部落史、キリスト受難と戦争遺構の学ぶ～」
2020年　同朋運動70周年記念大会

世界人権宣言70年を迎えて・声明

1948年12月10日に世界人権宣言が採択されて70年が経ちました。列強による帝国主義とファシズムそして二度の世界大戦という、かつてない人権の蹂躙を経験した世界が、この宣言によってようやく「人間の尊厳」が共通課題として確認され、それを阻害する戦争や差別という現実に人類として取り組みが始まりました。そして私たちの同朋運動もまたこの70年の間、「人間の尊厳」という課題に念仏者の視点から取り組んできました。

さて70年経って今、私たちの周囲の人権状況を見回した時、まずなによりも2016年12月16日に「部落差別の解消の推進に関する法律」（以下「部落差別解消推進法」）が成立したことが挙げられます。この法律が作られたことは今後の部落解放運動そして同朋運動の推進にとって大きな出来事であることは言うまでもありません。

思えばこれまでの運動の歴史は、差別的意図の有無にかかわらず差別者による「差別の事実の否定と韜晦」との闘いの歴史であったとも言えるでしょう。それは「部落差別など過去の事だ」「この地域に被差別部落などない」などという差別者たちに、「今なお差別がある事実」を証明するために被差別者の側が必死に自らの差別体験を訴えるという、いわば傷に塩を塗りこむような行為が強いられていたということでありました。

この部落差別解消推進法の第一条の冒頭に「現在もなお部落差別が存在するとともに」という一節が明記されていることは、これまでの部落差別に苦しみながら闘ってきた人たちの血と涙の叫びであることを私たちは決して忘れてはなりません。

そしてまたこのことは、私たちの同朋運動の原則が「差別の現実からの出発」であることの原点であることも改めて確認せねばなりません。教団の様ざまな差別の苦しみの中から阿弥陀さまのご本願に願われた本来の同朋教団を確立しようと同朋運動を推進してきた御同朋御同行が、「差別に苦しむ仲間たちを再び傷つけさせない」と、その運動の原則として掲げた「差別の現実から出発する」という言葉の意義を私たちはここに改めて確認するものであります。

部落差別解消推進法が成立し、一年以上が経過した今なお残念ながら本願寺及び宗派からは未だこの法律に対して具体的な言動はありません。そして教団には部落差別の現実があります。しかし、この差別の現実の存在は今やいかなる差別者としても韜晦も否定もできません。被差別者がさらなる痛みに苦しむことは決してあってはならないことは自明の理となったのです。

世界人権宣言で「人間の尊厳」が人類の共通課題であることが確認され、全体の課題として取り組まれてきたように、部落差別が私たちの共通課題として確認されたことは、これが私たち全体の取組みとなることが求められていることでもあります。

私たちは今こそ「差別の現実からの出発」という原則を確認しながら、強力に同朋運動を推進することをここに表明するものであります。

以上

２０１８年９月６日

近畿同朋運動推進協議会
同和教育振興会
九州・沖縄同朋運動推進協議会
同朋運動を続ける会
東日本同朋運動推進協議会
中四国同朋運動推進協議会
北陸同朋運動推進協議会

同朋運動70周年記念大会趣意書

1950年、僧侶と教団の差別的なあり方を見直し、差別・被差別からの解放をめざし「浄土真宗本願寺派同朋会」が設立されました。念仏者の信心に基づく実践として、当然に「差別の現実からの出発」を原則とした、この同朋運動は今年で70周年を迎えます。

この同朋運動の70年間の反差別の取り組みの歩みを、今こそ私たちは改めて確認しなければなりません。

同朋運動の歴史は言うまでもなく、現実の差別を糾弾することで、教団が内包する差別構造と差別体質を指弾し、さらに時にはみ教えさえ隠れ蓑にすることで自らの差別性から目を背ける僧侶の姿を問い続けるものでした。

その厳しさゆえに、教団内で「一部の人の運動」と揶揄され、何度となく排除されようとした同朋運動を、諸先輩方は部落差別の解放という目標に向けたゆまぬ努力で、教団の基幹運動として位置づけ、全ての教団人が担う運動へと展開させました。

そして同朋運動は、また社会における差別の現実に、いかに対峙するべきかを絶えずみ教えに聞いてきた念仏者の歩みでもありました。今日、これらの過程は「御同朋の教学」として教学の大きな柱の一つになっています。

これらの運動の推進によって明らかになった「差別法名・差別過去帳」「身元調査に関わる部落差別などの多くの人

権侵害」「ハンセン病等の感染症と差別」といった諸課題や格差社会という現代社会で私たち念仏者が直面する差別の現実を、改めて学ばなければなりません。

しかし、一方で新たな問題や克服すべき課題も明らかになりつつあります。教団の発行物による度重なる差別記載など、教団内では今なお差別事件が後を絶ちません。また同朋教団という反差別の教団を作ろうとした私たちの同朋運動を、今また「一部の人の運動」に歪曲されようとしています。

また、世代交代が進むにつれて、これまでの運動の経緯や願いを知らない教団人が増える中で、運動の継続と継承が大きな課題となっています。

10年前、同朋運動60周年において私たちは課題を具体化し、同朋運動のさらなる継続することを決議しました。その決議を行ったのは同朋運動を推進するために連帯してきた「同朋運動をすすめる五者連帯協議会」でした。そして10年を経て、中四国、北陸とさらに連帯する仲間が増え、70周年の今「同朋運動をすすめる七者連帯協議会」となっています。

これまでの同朋運動の歴史と連帯の広がり、そしてさらなる継続と連帯の確認を期し「同朋運動70周年記念大会」を本年12月10日、顕道会館ならびに本願寺同朋センターにおいて開催いたします。

有縁の皆さまには、何卒、本大会の趣旨をご理解いただき、ご賛同・ご協力賜りますようお願い申しあげます。

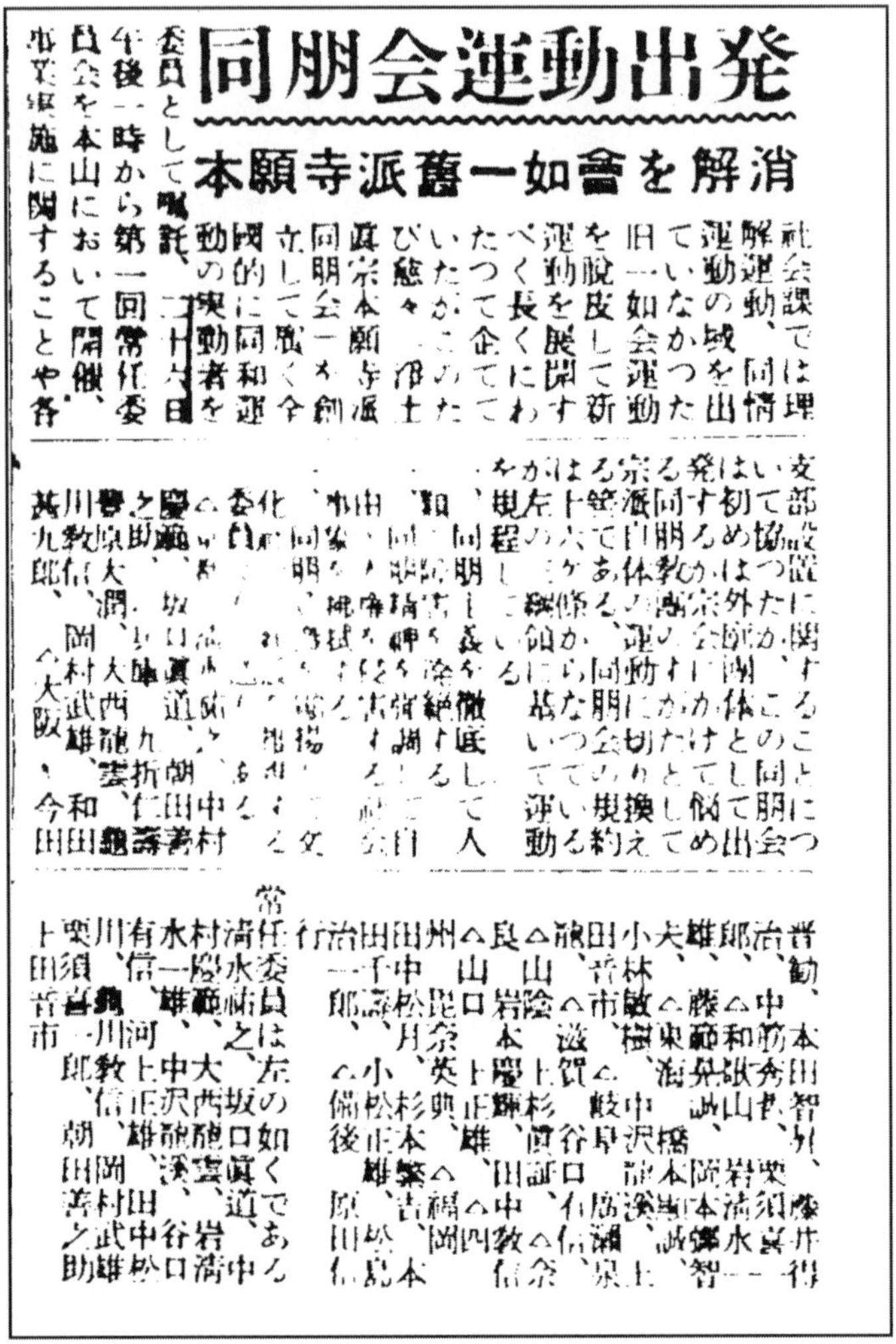

同朋会運動出発

本願寺派舊一如會を解消

社会課では理解運動、同情運動の域を出ていなかった旧一如会運動を脱皮して新運動を展開すべく長くにわたつて企てていたがこのたび愈々浄土真宗本願寺派同朋会を創立して広く全国的に同和運動の実動者を委員として嘱託、二十六日午後一時から第一回常任委員会を本山において開催、事業実施に関することや各

同朋運動の開始を伝える「本願寺新報」
1950（昭和 25）年 6 月 25 日

同朋運動70周年で法要

【京都】浄土真宗本願寺派が同朋運動70周年を記念し、昨年12月10日午前に法要、午後に大会をおこなった。5地域の同朋運動推進協議会、同和教育振興会、同朋運動を続ける会からなる同朋運動をすすめる7者協議会の主催。

顕道会館で5人の代表によりとりおこなわれた記念法要には西島書記長も参列（2020年12月10日・京都市）

各同朋運動推進協議会からの代表がとりおこなった京都市・顕道会館での記念法要には、宗門など50人が参列。遺族や宗門の代表らとともに西島書記長が焼香した。同和教育振興会評議員の岩本孝樹さんが「同朋運動の歩み　70周年にあたり―運動の振り返り」として講話。全国水平社創立の2年後に発足の一如会を融和運動だとして解消、1950年に同朋会を発足。差別の現実から出発し、「私自身」が差別―被差別からの解放をめざす同朋運動を一人ひとり担うこと、コロナ禍で分断の厳しさを知ったことを強調し、竹のように節をつくり大きく育っていこう、とよびかけた。

70人が参加した本願寺同朋センターでの記念大会では、西島書記長が来賓あいさつ。差別戒名の意味もわからず信心してきた先人の無念にふれ、経典のなかの差別に全寺院がとりくみはじめたが、語られない語れない結婚差別の厳しさの前に、宗教者としてどうすればよいか自問自答を、と訴えた。元文部科学事務次官の前川喜平さんが「格差社会の現状と子どもの課題」と題し記念講演をした。

「解放新聞」第2977号
2020年1月15日

あとがき

同朋運動を続ける七者協議会の代表が集まって同朋運動70周年記念大会の開催を決定したのが２０１９年夏のことでした。その時には大規模な大会を予定し、それぞれが準備を続けていたところ、２０２０年の70周年の年の年があけるとＣＯＶＩＤ‐19の感染拡大が始まりました。その後の緊急事態宣言等でなかなか七者協のメンバーが集まれない中、あらためて同朋運動70周年の今、何が必要なのか、何ができるのか等、どのような形で70周年を迎えるのかを模索してきました。

当初の予定からは４分の１以下の、人数を制限した状態ではありましたが、記念大会を開催することができました。しかしながら一方で共に同朋運動推進の道を歩む多くの方々に参加していただくことはかなわず、多くの人々と同朋運動のこれまでを共有し、これからの目標を語り合うということはできませんでした。

そのことから70周年の記念事業として本冊子の発行をすることになりました。参加していただけなかった皆さまには少しでも当日の様子を感じていただければ幸いです。

そして当冊子には大会を主催した同朋運動を続ける七者協議会の構成団体のそれぞれの歴史を資料として添付しました。これまでの同朋運動の歴史、そして70周年の今、全国に同朋運動が芽吹き広く根を張っていることを互いに喜び、これからの希望とできればと思います。

最後になりましたが、大会にご参加くださった方、本誌にご寄稿いただいた方、大会スタッフ、また同朋運動70周年記念事業にご協力いただきましたすべての方々、本当にありがとうございました。

あらためて「未来は同朋運動によってこそ作られる」という言葉を胸に、これからも皆様と共に80周年へ向けて同朋運動の道を歩んでいきましょう。

同朋運動70周年記念大会実行委員会

同朋運動70周年記念大会記念誌

2021年12月10日　初版第1刷発行

編集・発行　同朋運動70周年記念大会実行委員会©

発売　株式会社 阿　吽　社
〒602-0017　京都市上京区衣棚通上御霊前下ル
上木ノ下町73-9
TEL 075-414-8951　FAX 075-414-8952
URL:aunsha.co.jp
E-mail:info@aunsha.co.jp

組版　松原 圭〔一文字工房〕
装丁　清水 肇〔prigraphics〕
印刷・製本　亜細亜印刷株式会社

ISBN978-4-907244-44-6　Printed in Japan
定価　¥800（税抜）